Friedrich von Thudichum

Die Rechtssprache in Grimms Wörterbuch

Friedrich von Thudichum

Die Rechtssprache in Grimms Wörterbuch

ISBN/EAN: 9783743307292

Hergestellt in Europa, USA, Kanada, Australien, Japan

Cover: Foto ©Thomas Meinert / pixelio.de

Manufactured and distributed by brebook publishing software (www.brebook.com)

Friedrich von Thudichum

Die Rechtssprache in Grimms Wörterbuch

Die Rechtssprache in Grimms Wörterbuch

von

F. Zhishman

Professor des deutschen und des Kirchenrechts an der Universität Tübingen.

Anhang:
Beschirmung gegen Übelwollende.

Stuttgart.
Fr. Frommanns Verlag (E. Hauff).
1898.

Das von den Gebrüdern Grimm begonnene Deutsche Wörterbuch hat in seinen bis jetzt erschienenen Bänden im Anschluß an Jak. Grimms „Deutsche Rechtsalterthümer" und Andreas Schmellers Bayerisches Wörterbuch bereits einen reichen Schatz von Aufklärungen über die deutsche Rechtssprache gebracht, auch in Bezug auf viele Ausdrücke von nur landschaftlicher Geltung. Nichtsdestoweniger zeigt es gerade in dieser Hinsicht recht empfindliche Lücken, weil man die deutschen Reichsgesetze, Landesgesetze und Stadtordnungen nicht in gleicher Weise wie die Werke der Litteratur hat ausziehen lassen und auch die rechtsgeschichtlichen Werke der letzten Jahrzehnte gar nicht oder ungenügend berücksichtigt worden sind.

Die nachfolgenden Berichtigungen und Ergänzungen dürften daher den Besitzern des Wörterbuchs willkommen sein.

In Abkürzung werden angeführt: Grimm, Wörterbuch: W., — Thudichum, F., Die Gau- und Markverfassung in Deutschland. 1860: Gau- u. M. V., — und Thudichum, F., Geschichte des Deutschen Privatrechts 1894: Gesch. d. D. Pr.

Ahnenprobe erklärt W. 1, 195: „Beweis der Abstammung von acht Ahnen"; es bedeutet aber allgemein Beweis der im einzelnen Fall erforderlichen Zahl von Ahnen, also von 4, 8, 16, 32 Ahnen. (Thudichum, Gesch. d. D. Pr. S. 181—182.)

Allmende (richtiger Almende) wird W. 1, 237 auf ein vermutetes ahd. alamannida zurückgeführt, und als „Verein, Gemeinschaft freier Männer" erklärt, obwohl dann wieder in dunkler Weise eine Ableitung aus gimeinida als zulässig bezeichnet wird. Diese Erklärung ist unrichtig, da nicht eine einzige Urkunde beigebracht ist, worin Allmend einen Verein freier Männer bedeutet hätte, so wie es auch irrig ist, daß die Bezeichnung „am lebendigsten" in Alemannien fortgedauert habe, indem sie in ganz Franken und wohl auch in Sachsen bis ins 19. Jahrhundert im tagtäglichen Gebrauch war. Almend sind alle Grundstücke, seien es Wälder, Weiden, Wiesen oder Ackerland, welche der ganzen Markgenossenschaft oder der Einzelgemeinde gehörten und von allen

Märkern oder Gemeindegliedern genutzt werden durften, also im Gemeingebrauch, allen gemein, ganz gemein waren. Belege bei Thudichum, F., Gau- u. M. V. 1860 S. 123—124. Vgl. auch J. Grimm, in M. Haupt's Zeitschr. f. D. Alterth. 8, 389. Kluge, F., Etymolog. Wört. d. D. Spr. 1894 S. 9. Sander, D. Ergänzungs-Wörterbuch.

Alod, die alodis, auch das allodium, wird W. 1, 238 unter „Allob" gebracht, also in einer Schreibung, die den Quellen fast gänzlich fremd ist; jedenfalls hätte bei Alod auf Allod verwiesen werden müssen. Vgl. Thudichum, Gesch. b. D. Pr. 237.

Altvil (Alwil) kommt im Sachsenspiegel 1, 4 und im Richtsteig Lehnrechts 28, § 5 vor und wird von Homeyer, Sachsenspiegel Teil 2, Bd. 1, S. 560 ausführlich erklärt. In W. 1, 275 wird eine eigene Erklärung nicht aufgestellt. Die richtige Deutung haben Sachsse und K. J. Th. Haupt gegeben, indem sie die in der Hälfte der Handschriften stehende Form **Alwile** als die richtige erkannten, und dies als Elbel, Elblein, Elbenkind erklärten. Näheres bei Thudichum, G. b. D. Pr. 201—202.

Armeleute wird W. 1, 554 richtig erklärt als „Unterthauen" gegenüber dem Fürsten. Genauere und nach jeder Richtung beweiskräftige Belege, auch über das Alter der Benennung finden sich bei Thudichum, Gau- u. M. V. 219—221.

Auflassen, Auflassung ist W. 1, 681 richtig erklärt, aber ohne nähere Schilderung des Hergangs; vgl. über denselben Thudichum, G. b. D. Pr. 241—244, wo auch andere gleichlautende Ausdrücke angeführt sind.

Bärtling. W. 1, 1145. Der Stelle aus Seb. Francks Weltbuch ist durch Einschiebung der Worte (der feme) ein vollständig falscher Sinn gegeben, wie nachgewiesen ist bei Thudichum, F., Das heilige Femgericht (in v. Sybels Histor. Zeitschr. N. F. 32, 17—19 1892). Die zweite Stelle aus Francks Kriegs-Büchlein des Friedes ist unvollständig ausgezogen und dadurch wertlos. — Bärtlinge, barbati, waren Laien-Brüder (conversi) bei gewissen Orden, welche dem Kloster als Diener und Aufseher dienten und Bärte tragen durften (vielleicht mußten), während das den Mönchen verboten war. Die Fürsten und Grafen, welche im späteren Mittelalter den Beinamen „der Bärtige" oder „im Bart" führten, wie z. B. Friedrich, Pfalzgraf von Wittelsbach, Eberhard im Bart von Württemberg, scheinen ebenfalls Laienbrüder von Orden oder ordensähnlichen Gesellschaften, z. B. der Brüder des gemeinsamen Lebens gewesen zu sein.

Bauermeister, Burmester. W. 1, 1180 erklärt: „von bur, habitatio, eine städtische Obrigkeit, Burgermeister, auch auf Dörfer angewandt". Diese Erklärung ist irrig. Burgermeister kommt von burg, nicht von bur, und Burmeister ist nirgends ein städtischer Beamter gewesen sondern der Vorsteher des Dorfs, der Bauerschaft, burscap, und zwar lediglich in Norddeutschland. Der Verfasser des Schwabenspiegels freilich, der bei der Übersetzung des Sachsenspiegels das Wort nicht verstand, hat „Burgermeister" daraus gemacht. Vgl. Thudichum, Gau- u. M. V. 34. 37. Richtsteig Landrechts 1, § 4: „Ic vrago iu, oft icht en islik burmester wrugen scole wat in sime dorpe gescin is".

Beghard und **Begine**, Beguine. Die W. 1, 1290. 1292. 1295 gegebenen Erklärungen sind nur halbwegs richtig. Begharden sind nie Laienbrüder, fratres conversi, eines katholischen Ordens gewesen, sondern vielmehr „evangelische Brüder", „Waldenser", welche im 13. und 14. Jahrhundert als Häretiker verfolgt und seit Kaiser Karl IV. so unterdrückt wurden, daß der Name verschwindet und statt dessen nur noch der Name L o l l h a r d später an die Stelle tritt. Sie pflegten durch die Straßen auszurufen „Brod durch Gott", d. h. um Gottes willen, nämlich um Almosen für Kranke und Arme, für Kranken- und Armenhäuser, auch für ihre Schulen zu bitten, beg = bitten. Der Name ist gebildet wie Gotthard, Reinhard, Reidhard, Dinghard, Rothhard und bedeutet einen im Bitten Beharrlichen, ebenso ähnlich der Name Begine, Bittschwester. Allerdings kann beg auch „beten" bedeuten (vgl. W. 1, 1696) und „Betschwester" kommt wohl einmal, aber höchst selten für Begine vor; doch ist dieser Sinn schwerlich der thatsächlich zu Grund liegende gewesen; denn nicht das Beten war die eigentliche Beschäftigung der Begharden und Beginen, sondern Arbeit, Armenpflege, Unterricht.

Die Begharden wurden natürlich, wie alle Häretiker, von den Inquisitoren schmählich verleumdet, und bis auf diesen Tag schenken noch manche mangelhaft unterrichtete Protestanten diesen Verleumdungen Glauben.

Die Beginen wurden seit 1311 von den Päpsten ebenfalls wegen häretischer Gesinnung gebannt und hiedurch genötigt, wenn sie nicht ihre „Sammlungen" und Häuser auflösen und ihr Beginen-Kleid ablegen wollten, sich dem Dominikaner-Orden als Schwestern dritter Regel anzuschließen. Erst seit dieser Zeit hießen sie auch „Laien-Schwestern", während sie sich früher nur „Schwestern" genannt hatten, und erst seit dieser Zeit ertönen Klagen über ihre sittliche Versunkenheit, und wird eine „Graugekleidete", eine grisette, Name einer Dirne.

Begharden und Beguinen haben vor diesen Veränderungen nie „in Abgeschiedenheit von der Welt" gelebt wie W. 1, 1295 angiebt, sondern in Städten und Dörfern im lebendigsten Verkehr mit dem Volk. In Straßburg gab es im 13. u. 14. Jahrh. 60 Beguinenhäuser, in Frankfurt a. M. 57, in Basel 30. Eine im Wesentlichen richtige Darstellung giebt Mosheim, Jo. Laur., a, De Beghardis et Beguinabus commentarius, ed. Martini 1790.

Vgl. noch unten **Pikard** und **Lollhard** und **Rollbruder**.

Brisaß. W. 1, 1390 werden nur Belege aus Niebuhr gegeben, die nicht hinreichen können. Genauere Nachweise über Alter und Bedeutung des Namens bei Thudichum, Gau= u. M. V. 228. 229 Anm. 3. 262. 265. 269. 290 Anm. 2. 291; u. Thudichum, Rechtsgesch. d. Wetterau 1, 1867. S. 21. 206.

Berggeschworener ist nach W. 1, 1511 ein „im Bergwerk Beeidigter"; es ist aber ein beeidigter Beisitzer oder Urteiler im Berggericht, welches über Bergwerksachen urteilt. Über Berggericht, Berggeschworene, Bergschöffen ist zu vergleichen: Urk.-Buch der Stadt Freiberg i. S., hersgg. v. Ermisch. Bd. 3. Wort= u. Sachregister 1891.

Bergschöffe. W. 1, 1517 ist allerdings wörtlich „scabinus montanus"; diese Benennung ist aber näher dahin zu erläutern, daß die Schöffen von Zent= oder Landgerichten darum so hießen, weil das Gericht auf Bergen, oder richtiger auf kleinen Anhöhen gehalten wurde; z. B. auf dem Bornheimer Berg bei Frankfurt, auf dem Landsberg b. Heppenheim. Vgl. Thudichum, Gau= u. M. V. 13. 15. 16. Ferner hießen auch die Beisitzer im Bergwerksgericht Bergschöffen.

Bodem. Zu W. 2, 208 ist nachzutragen, daß bodem im Gegensatz zu schare den Wiesen=Boden bedeutet. Vgl. Thudichum, Gau= u. M. V. 179.

Brautlauf. Die Bedeutung W. 2, 336 zutreffend, aber ohne Erklärung, wie man sich das „Wettrennen" um die Braut zu denken habe. Nähere Aufschlüsse jetzt bei Thudichum, G. d. D. Pr. 295.

Brautraub fehlt bei Grimm; es ist dasselbe wie Brautlauf.

Buteil wird W. 2, 577 erklärt als mortuarium, also Sterbfall, Besthaupt, und butcilen, das Besthaupt erheben, wofür Haltaus, v. Richthofen und das Weisthum zu Holzburg v. 1447 (Weisth. 3, 498) angeführt sind. Die Erklärung steht schon in Grimms Rechtsalterthümern 364, wird auch bei Leger 1, 401. 1872 wiederholt, ist aber irrig. Buteil ist eine Abgabe vom Nachlaß eines Unfreien, der ohne Erlaubnis des Herrn die Unfreie eines fremden Herrn geheiratet hatte, infolge dessen die Kinder Unfreie des fremden Herrn wurden; zur Strafe für diesen Ungehorsam nahm also der Herr ⅔ des Nachlasses, wenn der Unfreie nicht bei Lebzeiten den Herrn mit einer Abfindung begütigt hatte. Besthaupt war nie Strafe und wurde beim Tod jedes Unfreien entrichtet. Im wesentlichen richtige Deutungen geben schon Danz, Handb. d. D. Privatr. 6, 65 u. Eichhorn, D. St. u. Rechtsgesch. 2, 556 Anm. (§ 339); Genaueres bei Thudichum, Gesch. d. D. Pr. 116.

Bu ist = Bau, Haus, Landbestellung, Hausrat, Vermögen (vgl. Grimm, R. A. 364. Wörterb. 1, 1161, namentl. 1163 oben Nr. 9). Belege: Gesetze des Bischofs Burkard v. Worms für die Angehörigen der Wormser Kirche (Leges et statuta St. Petri) v. 1024. § 15 (bei Grimm, Weisth. 1, 805; auch Gengler, Hofrecht 1859): Si quis ex familia alienam uxorem acceperit, justam est ut, quando obierit, duae partes bonorum suorum assumantur ad manum episcopi. Privileg K. Heinrichs V. für Speier v. J. 1111, Aug. 11, Alfr. Hilgard, Urkunden z. G. d. Stadt Speyer 1885 S. 17, auch bei Remling, Fz. X., Urk.-Buch z. Gesch. der Bischöfe v. Speyer 1, 88, Nr. 80 1852: „Omnes qui in civitate Spirensi modo habitant, vel deinceps habitare voluerint, vndecumque venerint, vel cuiuscumque conditionis fuerint, a lege nequissima et nefanda, videlicet a parte illa, que vulgo budeil vocabatur, per quam tota ciuitas ob nimiam paupertatem annichilabatur, ipsos suosque heredes excussimus, ne vero aliqua persona vel maior vel minor, non advocatus, non eorum naturalis dominus, illis morientibus de eorum suppellectili quicquam auferre presumat interdiximus." — Urk. v. 3. Jan. 1184, Wormser Urk.-Buch, herausgg. v. Boos, H., 1, 74. 1886: Kaiser Friedrich I. bestätigt den Bürgern von Worms die ihnen von seinem Ahnherrn Heinrich V. erteilten Freiheiten und verfügt: beim Tod eines Mannes sollen dessen Frau und Kinder den ganzen Nachlaß nehmen, beim Tod einer Frau der Mann und die Kinder, wenn ein Ehegatte ohne Kinder sterbe, der Überlebende den Nachlaß während seines Lebens nutznießen; nach dem Tode beider Ehegatten solle das Vermögen des Mannes an seine nächsten Erben, das der Frau an ihre Erben fallen und Niemand sich an den Gütern der Verstorbenen hinsichtlich des Hausrats ein Recht, welches gewöhnlich Buwetheil genannt wird, beilegen (ita ut nemo aliquid sibi ius dicat in bonis mortuorum racione suppellectilis, que vulgo buvteil nominatur. Nos quoque imperiali eis auctoritate indulsimus, ut sicut ab exactione iuris quod buvteil dicitur indulgentia privilegii antiqui sunt immunes, ita etiam ab exactione optimi animalis sive preciosioris vestimenti, quod in vulgari **houbitreht** vocatur, de cetero sint absoluti.)

In dieser Urkunde werden Bautheil und Besthaupt so deutlich wie möglich unterschieden.

Vgl. auch Freiheiten der Stadt Dieburg 1220 (im Archiv f. Hessische Gesch. 2, 352). Urk. v. 1225 u. 1289 bei Guden, Cod. dipl. 2, 46 und 5, 774. Urk. v. 1303 bei Baur, Hessische Urk. Nr. 325. Weisth. zu Treis 1501 bei Gr. 3, 801: Die Hofleute des Erzbischofs zu Trier im Dorf Treis am rechten Moselufer durften nur unter einander, nicht mit Fremden Ehen eingehen, damit der Hof „nit abegengich enwerde"; welcher Hofsmann das übertrat und „vßwibet", verfiel in eine Buße. Hatte er diese bei seinen Lebzeiten nicht entrichtet, so wiesen ihn die Hofschöffen bei seinem Tode „**buefellich**". Des Erzbischofs Vogt und der Büttel begaben sich alsbald in sein Haus, schrieben alles Gereide, das unter Dach war auf, und, wenn sich die Erben des Verstorbenen nicht mit dem Erzbischof oder seinem Beamten anderweitig absanden, „so sullen sye (vogt und büttel) dass vffgeschriben gereyde **buedeylen** als obgemelt, tzweydeile nemen, vnd das drytttheyl den erben laissen."

Nach einer Mainzer Gerichtsformel aus der ersten Hälfte des 15. Jahrh., bei Hallein, Leop., Mainzer Gerichtsformeln 1891 S. 88, wird auch der Hausrat freier Leute Buteil genannt; es erklären nämlich ein Vater, Sohn und die zweite Ehefrau des Vaters vor dem Gericht zu Mainz eine friedliche Rechtung wegen „alles des gudes vnd **büteils**", welches den Kindern erster Ehe von ihrer verstorbenen Mutter angefallen ist.

Delre, Deler fehlt im W. Vgl. Weisthum über den Büdinger Wald bei Simon, Gstv., Gesch. d. H. Ysenburg 3, 208. Nr. 197a. Den Versuch einer Erklärung siehe bei Thudichum, Rechtsgesch. d. Wetterau 1, 14—15. Der Name kommt auch in anderen Wetterauischen Weisthümern vor.

Dinghart. Bei W. 2, 1173 dürfte wohl beizufügen sein: ein Prozeßsüchtiger.

Dingspen wird W. 2, 1177 erklärt als „Gerichtsstrafe, von poena". Allein in der angeführten Stelle „die scheltwort und dingspene" ist letzteres Pluralis von Ding-Span, d. h. Störung, Zerreißen des Gerichts durch Unruhestiftung oder unzeitiges Verlassen der Versammlung, was das Sächsische Recht „das ding-slete" nannte. Vgl.

Homeyer, Richtsteig Landrechts 1857 S. 436. Die für solche Verfehlungen angesetzten Bußen fielen dem Zentgrafen zu.

Dorfmeister, nach W. 2, 1283 Schultheiß, Gaugraf, unter Berufung auf Stieler 2376. Aber unter einem Gaugrafen versteht man allgemein den über größere Bezirke gesetzten königlichen oder herzoglichen Beamten; der Dorfmeister ist lediglich wie der Bauermeister ein Dorf=Vorsteher. a. 1464: den ersamen und weysen schulthesen, dorffmeistern und gemeyn zu Dorffleins. a. 1464: Schulthes und dorffmeyster zu Rattelstorff, Eybing, Dorffleins und Heyde. a. 1471: Wir Hanns Rote und Herman Schneyder, dorffmeynster zu Vibrit. (17. Bericht über das Wirken des histor. Vereins zu Bamberg 1854 S. 88. 90. 128). a. 1560: Jost Neckerauwer schultheiß, vnd Velten Meister dorfmeister zue Weißheim vf dem sande. (Rheinpfalz) L. v. Maurer, Gesch. b. Markenverfassung S. 485.

Droß. Zu W. 1, 1437 mag bemerkt sein, daß ein im Archiv zu Darmstadt befindliches Kurpfälzisches Saalbuch für Truchseß drosheyze hat.

Druder. Zu W. 2, 1456 können folgende Belege hinzutreten: Markbüchlein zue Rodenbach bei Altenstadt (Wetterau) vom J. 1565: So einer ein breßhafftigen baw hat . . ., so sole man jm nach geburlicher notturfft zue stewer kommen mit schweln, rigeln, sparn vnd d r u e d e r. Märkerweisthum zu Winden und Weinähr. 1658: Reiffstangen, t r u d e r n , stangen, gärten.

Eller, avia, Eltermutter. Zu W. 3, 416 noch folgender Beleg: Brief des Landrats Baist zu Altenstadt in der Wetteran an seine Tochter Friederike, v. 16. März 1838: „Lebe in dem neu angetrettenen Jahre recht wohl und vergnügt und zähle der Geburtstage noch viele mehr als ich, dann wirst du ein reiches Ellerchen und Urellerchen werden".

Erbeinigung wird W. 3, 713 erklärt als: conventio perpetua, Erbverbrüderung. Allein es bedeutete n u r ein ewiges, auf die Erben übergehendes Schutz= und Trutzbündnis, wie z. B. gerade in dem angeführten Falle der Erbeinigung zwischen den Eidgenossen und dem Haus Österreich. Bis jetzt fehlt jeder Beweis, daß es auch Erbverbrüderung, Vereinbarung gegenseitiger Erbrechte, bedeutet hätte. Vgl. Thubichum, Gesch. b. D. Pr. 378—379. Sattler, Chr. J., Gesch. b. H. Würtenberg u. b. Grafen 2, Beil. 164 Nr. 122.

Erbunterthäniger fehlt im W.; es wird 3, 743 nur „Erbunterthan" mit der Erklärung subjectus hereditarius und „Erbunter=

thänigkeit" ohne Erklärung gegeben. Allein in Preußen und nur in Preußen, wurde im J. 1717 durch Friedrich Wilhelm I den Leibeignen der Name „Erbunterthänige" beigelegt, obwohl dieselben schlechter gestellt blieben als die Süddeutschen Leibeignen. Thudichum, Gesch. b. D. Pr. 153.

Erchtag. W. 3, 744, Dienstag. Hier hätte auf Eritag 3, 861 und Ertag 3, 1027, sowie auf das bei Dienstag 2, 1120 Gesagte verwiesen werden müssen. Der Name ist bis jetzt nur in Ober- und Nieder-Bayern, Ober- und Nieder-Österreich, Teilen von Tirol und im südlichen Böhmen nachgewiesen, scheint also dem Bayerischen Stamm allein anzugehören; wenn er in Urkunden Kaiser Maximilians I., die zu Worms ausgestellt wurden, vorkommt, so erklärt sich das einfach daraus, daß die Kanzleibeamten des Kaisers Österreicher waren. — Die von Grimm, Mythologie 113. 182—185 gegebene Erklärung, daß es der Tag des Gottes Aer, Ear, Eor sei, da in alten Handschriften eine Rune dabei stehe, welche in andern Handschriften bei Zin steht, ist im J. 1837 von Schmeller 4, 214 angenommen worden; Schmeller hatte vorher 1, 94—95 und 321 eine Ableitung aus dem Griechischen versucht.

Vgl. auch unten **Phinstag**.

Etter wird W. 3, 1180 richtig als Zaun, Dorfs-Etter als Dorf-Zaun erklärt. Es ist jedoch zu bemerken, daß dieses Wort nur in Schwaben (auch in Bayern?) im Gemeingebrauch ist, von einem Franken gar nicht verstanden wird, weßhalb die Erklärung des hessischen Ortsnamens Itter von Etter durchaus unwahrscheinlich ist.

Fema wird W. 3, 1516 richtig als supplicium, poena erklärt. Das Zutreffende dieser Erklärung ist näher nachgewiesen bei Thudichum, F., Femgericht und Inquisition 1889 S. 15 und Thudichum, das heil. Femgericht (in v. Sybels Histor. Zeitschr. N. F. 32, S. 3—4. 1892). Inzwischen sind mir noch zwei Urkunden aus Erfurt zu Gesicht gekommen, welche im Jahr 1264 ausgestellt sind und in unzweideutigster Weise darthun, daß zu Erfurt in der Mitte des 13. Jahrhunderts „Vheme" streng juristisch soviel wie Strafe bedeutete. Diese Urkunden sind mitgeteilt bei v. Falckenstein, J. H., Civitatis Erfurtensis Historia critica et diplomatica. Erffurt 1739 S. 103. 104. und hiernach bei Lambert, E. M., Die ältere Gesch. und Verfassung der Stadt Erfurt 1868 S. 124 und 126; jetzt bei Beyer, K., Urk.-Buch d. St. Erfurt 1, 108—110. 1889: Um das Jahr 1264 hatte der Erzbischof von Mainz gestattet, daß die Metzger und die Bäcker zu Erfurt sich zu

Innungen vereinigten und daß nur den Mitgliedern der Innung gestattet sein solle, in der Stadt zu schlachten und zu backen und Fleisch und Brot zu verkaufen, wofür sie dem Erzbischof eine Abgabe bezahlten. Der Stadtrat wollte aber dieses für die Bürger sehr drückende Privilegium nicht anerkennen. Auf Bitten des Rats hob hierauf der Erzbischof die Innungen wieder auf und gestattete, daß jeder Einwohner und jeder Auswärtige Fleisch und Brod in der Stadt verkaufen dürfe, wenn er dem Erzbischof den herkömmlichen Zoll (theloneum) entrichte. Der Rat verpflichtete sich außerdem mit seinem eigenen Geld gewisse Einkünfte, die dem Erzbischof früher zugestanden hatten, die ihm aber entfremdet worden waren, im Betrag von 12 Mark und 16 Malter Weizen, zurückzukaufen und dem Erzbischof zuzustellen, so jedoch, daß diese Einkünfte unveräußerlich beim erzbischöflichen Tisch zu verbleiben hätten. Künftig sollte der Rat jährlich zwei Metzger und zwei Bäcker wählen, als Fleisch- und Brot-Beschauer, und dieselben verpflichten, diejenigen, welche sich gegen die Ordnung vergingen, anzuklagen und es solle dann vor dem Schultheiß durch gerichtliches Erkenntnis ihnen die gebührende Strafe, welche gewöhnlich „Vheme" genannt wird, angesetzt werden, und Keiner von dieser Strafe weder vom Erzbischof noch auch vom Rat, sei es unentgeltlich oder gegen Bezahlung, entbunden werden dürfen (ille pistor aut carnifex vel de ejus familia qualiscunque, qui in mactatione carnium seu pistatione panis adeo graviter excesserit aut peccarit, pro quo suis culpis poena tali, que veme vulgariter appellatur, merito sit plectendus, nulla satisfactione precis vel pretii aliquatenus eximatur sed simpliciter subjaceat ultioni, quae coram sculteto per sententiam dictata fuerit contra ipsum). Der Abdruck bei v. Falckenstein hat die Schreibung „vheme".

Festmachen 3, 1566. Es bedeutete insbesondere auch die feierliche Übertragung des Eigentums an Liegenschaften vor Gericht. Vgl. Thudichum, G. d. D. Pr. 242.

Freigericht, Freigrafschaft. W. 4, I, 1, 110 wird Freigericht mit jurisdictio libera erklärt, was die Bedeutung unerklärt läßt und außerdem nicht genau ist, da Freigericht wörtlich judicium liberum ist. — Freigerichte werden seit Ende des 12. Jahrhunderts Gerichte genannt, welche unmittelbar unter Kaiser und Reich standen, reichsunmittelbar waren, so wie ähnlich im Gegensatz zu den Landstädten die Reichsstädte „freie" Städte hießen, die Reichsritter im Gegensatz zu den landsäßigen Rittern „Freiherrn". Vgl. Thudichum, F., Femgericht u. Inquisition

1889 S. 6—9; ferner Thudichum, Das heilige Femgericht (in v. Sybels Histor. Zeitschr. N. F. 32, S. 7—12. 1892). Seit dem 13. Jahrh. werden z. B. in der Wetterau, im Niedgau, Maingau genannt die Freigerichte: Bornheimer-Berg, Kaichen, Wolferborn, Haslau, Somborn, Welmizheim, Motten oder Muothen bei Schwarzenfels und andere.

Frohnacker 4, I, 1, S. 233 erklärt „fundus servus", also „Dienstacker", ohne Belege zu geben. Da Fronhof, Frondienst, Frongarten, Fronaltar soviel sind wie Herrenhof, Herrendienst, Herrengarten, Herrenaltar, so ist Fronacker eben auch Herrenacker.

Gebursame fehlt W. 4. I. 1. Bei Ruckgaber, Gesch. der Reichsstadt Rottweil 2, 2, 380 u. 384 findet sich folgender Beleg: Im J. 1435 begeben sich „der vogt, der schultheiß, die richter, die gebursam und ganz gemaindt gemainlich des dorffs zu Tunningen" unter den Schutz und die Hoheit der Reichsstadt Rottweil. — In der Urkunde heißt es dann: „Und wer auch fürohin yemermehr zu uns gen Tunningen zühet, und gebursame mit uns halten und almande, wunne und wayde mit uns niessen, und bey uns da sitzen will."

Gemächt. W. 4, I, 2, S. 3148: Es wäre folgender schlagende Beleg beizufügen: Reichsnotariatsordnung v. 1512, N. Samml. d. Reichsabschiede 2, 161: „Hermaphroditen, das seynd die männlich und fräulich Gemächt haben."

Genannte, nominati, waren in bayerischen und österreichischen Städten Bürger, welche vom Rat ausgesucht und bevollmächtigt waren, bei wichtigeren Rechtsgeschäften, wie Verkauf und Verpfändung von Liegenschaften, als Urkundspersonen zu dienen, an Stelle des Gerichts, die also gewissermaßen bürgerliche Notare waren; z. B. mußte nach dem Wiener Stadtrecht v. 1221 § 40 jede Veräußerung von Liegenschaften oder Fahrnis von über drei Talenten vor Gericht oder vor zwei nominati geschehen. (Thudichum, G. d. Pr. S. 56 Anm. 2; S. 242. 254).

In den Chroniken der deutschen Städte Band 1, S. XXV ff., S. 136 Anm. u. 215 ist von Hegel, und ebenso in den von Lexer bearbeiteten Glossen S. 488 angegeben: Zu Nürnberg seien die „acht alten Genannten" ein Teil des kleinen Rats, die übrigen zahlreichen Genannten die Mitglieder des großen Rats gewesen. Beide Gelehrte bringen dafür keinen andern Beweis als die S. 136 abgedruckte Erklärung des Rats zu Nürnberg v. 30. Jan. 1383 vor, welche gerade gegen sie spricht, da der Rat den Städten des Schwäbischen Bundes darin erklärt, daß ihrem Verlangen, der Rat solle den Vorschlag des Bundes auch „allen Genannten" vorlegen, nicht entsprochen werden könne, weil die Genannten einfach zu befolgen hätten, was der Rat mit Mehrheit beschließe, daß sie also nicht in den Rat gehörten, noch weniger ein großer Rat seien. Die irrige Auslegung von Hegel und Leyer ist dann in Grimms W. 4, I, 2, S. 3345 übergegangen.

Genossame. Der Schweizer-Kanton Uri zerfällt noch jetzt in 10 (alte) Genossamen, wozu der Bezirk Ursern als 11. hinzugekommen ist. Landbuch v. 1823 1, § 29.

Gereite, Heingereite. Bei der Erklärung ist auszugehen von dem einfachen Worte reiten, raiten, welches soviel wie bereiten, zurecht legen, ordnen, rechnen bedeutet; daher die raite, rait Rechnung, abrait Abrechnung. Grimm W. 8, 766. 768. Schmeller 2, 171. Eine von Kaiser Ludwig dem Bayer i. J. 1343 bestätigte Ordnung der Reichsstadt Reutlingen (Schwaben) bestimmt, daß der große Rat jährlich 2 Raiter wählen soll, der Bürger Gut aus- und einzunehmen, und daß sie zweimal des Jahres vor dem großen Rate „wider raiten" sollen. (Urk. bei Gayler, Histor. Denkwürdigk. d. St. Reutlingen 1, 48. 1840.) Auch be-reiten bedeutet neben Anderem: berechnen, in Rechnung stellen; bereites Geld ist gezähltes Geld. (W. 1, 1499. 1500.)

Hofreite ist der Raum, auf welchem die den Hof bildenden Wohn- und Wirtschaftsgebäude errichtet werden oder errichtet sind, Schiffsreite, Reibe, Rede (Rehde) der Platz, wo Schiffe zum Zwecke der Befrachtung oder Entladung, oder zur Bereithaltung für die Fahrt vor Anker liegen. (W. 8, 766; vgl. 4, 2, 1697. Schmeller 2, 158.

In „die Gereite", „Gereide", kann die Vorsilbe Ge entweder den Begriff des Gemeinschaftlichen, Zusammenfassenden (W. 4, I, 1, S. 1609) oder den Begriff einer anderen Beziehung, des Abgeleiteten, des Fertigen, Vollendeten andeuten (4, I, 1, S. 1610 ff.), also soviel wie die Mit-Ordnung, Mit-Abteilung, oder bloß überhaupt die festgesetzte, gemachte Ordnung, Abteilung, Abgrenzung sein. Es läßt sich hierbei an die alte Heeres-Abteilung denken, die mit Volks-Abteilung und Landes-Abteilung zusammenfiel, wenn man nicht, was möglich wäre aber doch weniger nahe liegt, an die uralte Ackerbau-Gemeinschaft, gemeinschaftliche Feldbereitung denken will. Belege W. 4, I, 2, S. 3626 (1891).

Was nun das Wort „die Heingereite" betrifft, so haben die älteren Urkunden ganz überwiegend die Form hein, hain, während die neueren mehr heim zeigen. An das von hagen zusammengezogene hain ist wohl aber schwerlich zu denken, da hagengereite bis jetzt nicht nachgewiesen ist; hein wird man also für **Abschwächung** von heim nehmen dürfen, so wie aus Heimrich Heinrich wurde; heim aber ist im Allgemeinen so viel wie Heimat, in engerem oder weiterem Sinn, nämlich das eigne Haus, das Dorf oder die Landschaft, der man angehört, weshalb einheimisch den Gegensatz zu fremd, ausländisch bildet. Heim-Gereite ist also die **Heimats-Ordnung**, heimatliche Abteilung. Diese Erklärung wird bestätigt durch die thatsächliche Verwendung des Worts; es bedeutete ehemals bis ins 19. Jahrhundert in dem Landstrich von Dürkheim an der Haardt (Rheinpfalz) bis über Weißenburg im Unter-Elsaß die Markgenossenschaft, Verbände einer Anzahl von Dörfern mit gemeinschaftlichen Wäldern und Weiden und gemeinschaftlicher Gerichtsbarkeit über diese Almenden; die Markgenossen hießen Reite-Genossen; einige Heingereiden zählten nur 3, 4, 5 Dörfer, die sog. Ober-Heingereite bei Landau, welche im J. 1826 geteilt wurde, 9 Dörfer mit etlichen Weilern und 3108 Feuerstellen oder Haushaltungen. Das ganze Land zerfiel hier in Heingereiten wie anderwärts in Marken, und nur wenige Orte sind im Lauf der Jahrhunderte aus ihrem alten Verband ganz ausgeschieden gewesen; der Name ist bis jetzt nur für diese Landschaft zwischen Haardt und Rhein urkundlich nachgewiesen und bildet also eine Eigentümlichkeit derselben; Alles spricht dafür, daß die Heingereiten eine uralte Einteilung des germanischen Volks der Nemeten bildeten, die in Speier (civitas Nemetum) später ihren Mittelpunkt hatten. Vgl. hierüber Thudichum, Gau- u. M. V. S. 119 und Gesch. d. D. Pr. 1894 S. 70. 71. 406. 413 Anm.; ferner Vortrag auf der Eisenacher Generalversammlung der Historischen Vereine am 10. Sept. 1894 über die „Rechtssprache als Hilfsmittel zur Feststellung der ursprünglichen Gebiete der deutschen Stämme".

Im W. 4, I, 2, S. 3626. 3627 beim Wort „Gereite" ist Heimgereite als einerlei genommen mit „Heimgerede", Heimgericht, Heimgeding, nämlich Dorf-Gericht. Vgl. auch 4, II, S. 175 (Haingericht), 855 (Heim), 871 (Heimgeding); dieß ist 1) sachlich irrig, weil die Heingereite überhaupt kein Gericht, am wenigsten ein Dorfgericht ist, 2) sprachlich irrig, weil Heingereite Femininum, Heimgerede aber Neutrum ist, **das** Heimgerede und Gerede niemals Gereite geschrieben wird. Wenn das Volk in der Pfalz für Heingereite Ha'ngerath spricht, so ist das überhaupt gleichgiltig gegenüber der urkundlichen Schreibung, paßt aber auch nur zu Gereite, nicht zu Gerede.

Auch im Sachregister zu Grimms Weisthümer-Sammlung Bd. 7, S. 289 werden beide Worte irrig zusammengeworfen.

Gerhab (unter Gehrhab zu suchen), Vormund. Die W. 4. I. 2, S. 2553 gegebene Erklärung ist unbefriedigend. Ger (vergl. Gehr) bedeutet nicht bloß Schoß, sondern auch Speer, Wurfspeer und wenn man bedenkt, daß in älterer Zeit nur Männer Vormünder sein konnten, so wird man viel mehr auf den Begriff „Speerhalter" als „Schoßhalter" geführt, zumal der aus Vilmar entlehnte Beleg gar kein Fall von Vormundschaft ist, sondern eine Annahme an Kindesstatt durch eine Frau. Ohne Zweifel wurde die Übernahme der Vormundschaft feierlich, sei es vor Zeugen oder vor Gericht, dadurch kund gethan, daß der Vormund seinen Speer über den Mündel hielt und damit kund that, daß er sein Schützer sei. Das Wort ist anscheinend nur in Bayern und Österreich bekannt.

Graf, Dorfgraf, Grefe, Grebe, in Hessen nördlich des Mains Dorfvorsteher. Vgl. Thudichum, F., Gesch. d. Freien Gerichts Kaichen i. d. Wetterau 1858 S. 58; auch unten Zehnschaft, Zingraf.

Haberfeldtreiben. Das günstige Urteil, welches W. 4, II, S. 81. über diesen oberbayerischen Brauch nach Gewährsmännern des 19ten Jahrhunderts gefällt wird, war höchstwahrscheinlich niemals zutreffend. Neuere gerichtliche Verhandlungen, namentlich eine solche im Juli 1887 haben erwiesen, daß das Haberfeldtreiben ein abscheulicher Mißbrauch ist, den sich die Schlechtesten der Gemeinde erlauben, dem aber die Behörden früher machtlos gegenüberstanden, weil ein großer Teil des Volks vor Gericht Meineide schwur aus Furcht vor der Rache der Rädelsführer.

Hagestolz. Wie W. 4, II, S. 154—156 (1877) ausgeführt wird, lautete die ahd. Form hagustalt, hagastalt und das Wort wird ursprünglich nur als Adjektivum gebraucht; alte Glossen geben es durch caelebs, juvenis, tiro, famulus, agricola liber wieder; tiro bedeutet nicht blos den Soldaten sondern überhaupt den zuerst in die Welt tretenden Jüngling, und liber kann sehr wohl auf einen unverheirateten, durch Ehe nicht gebundenen Menschen, Mann oder Weib gehen, so wie „frei" noch heute in diesem Sinn gang und gebe ist. Eine genügende Erklärung des Ursprungs der Bezeichnung fehlt bis jetzt und der von Heyne versuchten muß durchaus widersprochen werden. Er meint: Hagestolz bedeute einen nachgebornen Sohn, der auf des älteren erstgebornen Bruders Hof als Knecht diente und diesem „zur Heerfolge verpflichtet war" (was irrtümlich aus der Übersetzung tiro gefolgert wird), und „faktisch oder doch im rechtlichen Sinne" kinderlos blieb, da „die rechtmäßige Ehe auf dem Herrenhofe geführt wird". Allein die Voraussetzung, daß das deutsche Recht von den ältesten Zeiten her allgemein den Vorzug der Erstgeburt festgestellt habe, ist völlig irrig (vergl. Thubichums Gesch. d. D. Pr. 83. 351. 353. 364. 366.) ebenso wie auch die zweite Voraussetzung, daß der nachgeborene Sohn eines freien Mannes zur Eingehung einer gültigen Ehe die Erlaubnis des erstgebornen nötig gehabt habe; Heyne hat für beide Behauptungen auch keine Beweise beigebracht; der von ihm angeführte Sprachgebrauch in der Grafschaft Rellenburg hat einen ganz anderen Zusammenhang. Über das „Hagestolzenrecht", d. h. das Erbrecht des Königs oder Landesherrn am Nachlaß eines ohne eheliche Kinder sterbenden Bastards vgl. Thubichum Gesch. d. D, Pr. 193—196.

Haar fem. wird W, 4, II, 22 und 509 für „Höhe" „Berg" erklärt, allein ohne andere Belege als zwei Gedichte Freiligraths; derselbe ist wohl einmal in Westfalen gewesen, und hat dort gehört, daß eine gewisse Hügelreihe „die Haar" heißt, und hat sich davon auf eigene Faust eine Ableitung gemacht.

Hacken (Pflug). Zu W. 4, II, T. 178 ist folgender Beleg beizufügen: In dem Privilegium für Kulm und Thorn und andere Städte des Kulmer Landes v. 28. Dez. 1232 (Preußisches Urkundenbuch) 1,80, Nr. 105 wird dem Teutunicale aratrum das Polonicale aratrum, quod hake dicitur, entgegengesetzt und bestimmt, daß es halb so viel Zehnten zu entrichten habe, als das erstere, also offenbar nur halb so groß war.

Harde fem. wird W. 4, II, S. 473 erklärt: „in Schleswig-Holstein Gemeindebezirk von mehreren Höfen oder Dörfern." Ob das Wort auch in Holstein Geltung hatte, bedarf indessen näherer Untersuchung; seine eigentliche Heimat ist Dänemark, welches in 200 Harden oder Herreder eingeteilt war, also in größere Bezirke, von je 10—20 Dörfern, und durch die dänische Herrschaft mag es nach Schleswig gekommen sein. (Vgl. Dahlmann, Gesch. v. Dänemark, 1 140—146.) — Der im W. angenommene Zusammenhang mit Hard, Wald, ist sachlich gänzlich unwahrscheinlich.

Hart, Wald, Waldgebirg soll nach W. 4, II, S. 509 „in seiner Abstammung mit haar zusammenfallen". Diese Meinung bleibt ohne Boden, solange nicht besser bescheinigt ist, daß Haar wirklich Höhe bedeutete.

Heinrich heißt in der Gegend von Weimar der Vorstand der Flurgenossenschaft. (Mitteilung des Herrn Geheimerat v. Bojanowsky in Weimar.)

Heingereite s. oben Gereite.

Hinterſaße. Zu W. 4, II, S. 1514 ſind weitere und genauere Nachweiſe hinzuzufügen aus Thudichum, Gau- und M. V. 212—217 und Geſch. b. D. Pr. 417.

Hörig, Hörigkeit wird W. 4, II, S. 1814 richtig als neuerer Sprachgebrauch gekennzeichnet; derſelbe iſt genauer eine Erfindung Juſtus Möſers und Kindlingers zu nennen, wie bei Thudichum, Geſch. b. D. Pr. 106 nachgewieſen iſt.

Hube, Hufe. Die W. 4, II. 1867 gegebene Erklärung, daß Hube „ein gemeſſenes oder gehegtes Landſtück in Flur oder Wald" geweſen ſei, iſt für $^{99}/_{100}$ aller ehemaligen Huben unrichtig; die Hube beſtand nur aus Ackerland und ihre Teile lagen in den Fluren zerſtreut; erſt infolge ſpäterer Arrondierungen kommen geſchloſſene Huben vor, zu denen auch Wald gehörte. Vgl. Thudichum, Gau- und M. V. 165—171 und Geſch. b. D. Pr. Rs. 82 und 84.

Hund, Hunne; Hunſchaft, Hundſchaft. W. 4, II, 1913 wird bei Hund angegeben: hund ſei ältere Form für **hundert** und komme in der Rechtsſprache nur noch in Zuſammenſetzungen wie huntding, huntari, hundschaft vor, womit alſo geſagt iſt, es ſei eine Hundertſchaft. Gleich darauf wird Hund, Hunde erklärt mit centenarius, Unterrichter, hierbei aber vergeſſen auf S. 1952 zu verweiſen, wo die Form Hunne als dasſelbe bezeichnet und auch angegeben iſt, daß ſchon ahd. hunno vorkommt. Es hätte hierbei geſagt werden dürfen, daß hunno ſchon in Lex Salica vorkommt.

Dieſe Angaben beruhen auf Grimms Rechtsalterthümern S. 756, was im Wörterbuch hätte angegeben werden ſollen, ſowie auf Grimms Vorrede zu Merkels Ausgabe der Lex Salica Seite XV und LXXXIII. 1850, die ebenfalls nicht erwähnt wird. Grimm führte aus: centum ſei dem Franken chunna, dem Gothen hunda geweſen, die in Schwaben bezeugte Benennung huntari bedeute Hundertſchaft und ihr Vorſteher oder judex habe hunno geheißen, ſo wie centenari der Vorſteher der centena, Zent ſei. Dieſe Angaben ſind indeſſen ſachlich i r r i g. Grimm hat niemals genauer unterſucht, was nach Ausweis der Urkunden der räumliche Umfang eines Huntari und einer Hundſchaft geweſen ſei, — was ihm gewiß nicht zum Vorwurf gemacht ſein ſoll —, und keinen Beweis beigebracht, daß der Vorſteher des Huntari Hunno geheißen habe. Sehr begreiflich. Das Wort huntari iſt bis jetzt nur in Schwaben nachgewieſen; denn der vermeintliche Gau Cunigeshuntari, zwiſchen Niederrheingau und Ribbagau, um Hochheim und Wiesbaden gelegen, hieß in Wirklichkeit Cunigessunderon oder Cunigessundera, ein bei einer Reichsteilung für einen Teilherrscher ausgesondertes Landstück (vgl. Thudichum, Gau- und M.B. Vorwort VI Anm.); in Schwaben aber hat man von hunno, hund nie etwas gewußt; der Versuch Mertels in seiner Ausgabe der lex Alamannorum S. 76 Anm. 53 ihn für die alamannische Schweiz nachzuweisen, ist gänzlich mißglückt; daraus, daß einige Urkunden des 13. Jahrh. den Familiennamen Hunno, Hünne aufweisen, bedeutet nichts gegenüber der sicheren Thatsache, daß in Alemannien das Wort nie als Amtsbezeichnung vorkommt. In meiner Gau- und M.B. 22—26 und 73—74 hatte ich im J. 1860 mehr Belege für Hundschaft und Hunne gesammelt als irgend ein Vorgänger, S. 22 angeführt, daß Gudenus und der über den Niederrhein besonders gut unterrichtete Lacomblet den Hunnen für einen Dorfbeamten erklärten, ein bestimmtes eigenes Urteil aber nicht gefällt. Jetzt bin ich dazu im Stande.[1])

Im Jahre 1801 umfaßte das auf dem rechten Rheinufer am Wiedfluß gelegene, dem Kurfürsten von Cöln gehörige Amt Altenwied 12 Hunschaften, das ebenfalls Kurcölnische Amt Neuerburg 5 Hunschaften. Dieselben sind einzeln aufgezählt bei Weidenbach, A. J., Nassauische Territorien von 1789—1866, in den Annalen des Vereins f. Nass. A. K. und G. F. 10, 305—307; auch in Sonderabdruck verbreitet, S. 53—55. Nimmt man die Generalstabskarte zu Hilfe, so ergibt sich, daß die Hunschaften Dorfgemeinden sind. In derselben Bedeutung wird das Wort gebraucht in der Grafschaft Huelchrath auf dem linken Rheinufer südlich von Neuß (gegenüber Düsseldorf) (Grimm, Weisthümer 2, 759 und 6, 697—701) und noch weiter südlich im Kreis Düren (Weisthum zu Bürvenich v. 1622 bei Grimm 6, 677 § 2). Zu dem Gericht auf dem Schivelberg im Herzogtum Jülich gehörten 14 Hondschaften, zu dem Gericht auf der Kempener Heide ebendaselbst 9 Hondschaften. Hund, Hunne war der Dorfvorsteher; die sämtlichen Hunnen eines Landgerichts (Grafschaft) scheinen die Urteilsprecher im Landgericht gewesen zu sein; in den letzten Jahrhunderten, als die Landesherrn die alte Gerichtsverfassung umwarfen, die Dorfvorsteher ernannten und lebenslängliche Schöffen einsetzten, sank das Amt des Hunnen oder Hunds vielfach zu dem eines bloßen Gemeinde-Dieners herab, und am Wiedfluß heißen die Gemeindiener bis auf diesen Tag Hund.

Bis zum Beweis des Gegenteils behaupte ich, daß der Name

---

1) Den Ausführungen bei Lamprecht, Deutsche Wirtschaftsgeschichte 1, 1, 197—237, besonders 237 (1886), vermag ich nicht beizutreten.

Hunschaft und Hunne, Honne einem bestimmten deutschen Volksstamm und nur diesem angehört und zwar den Ubiern. Cäsar (Bell. Gall. 6, 9) bewerkstelligte seinen zweiten Rheinübergang bei Neuwied und kam dort in das Land der Ubier; nachher wurden dieselben von Agrippa auf das linke Rheinufer verpflanzt, vorzugsweise in die Gegend von Cöln, wo der religiöse Mittelpunkt der Ubier, ara Ubiorum, errichtet wurde, und südlich von Cöln sind ja, wie oben gezeigt, die Honschaften ebenso zu Hause, wie an der Wied. Daß sie an der Wied fortdauerten, erkläre ich daraus, daß eben nicht alle Ubier von da weggezogen und in den Dienst der Römer getreten sind, sondern ein Teil zurückblieb, und die Germanen, welche in die alten Sitze der Ubier einwanderten, die alten Benennungen beibehielten. Sobald einmal die geographische Verbreitung der Benennungen Hunschaft, Hond genau festgestellt ist, erübrigt noch die Mundart dieser Bezirke zu untersuchen, ob sie eine gewisse Übereinstimmung zeigt, und die alten und neuen Sitze der Ubier sind festgestellt.

Im Gebiet der Mosel, also im Lande der Trevern, sind die Bezeichnungen bis jetzt nur ganz vereinzelt nachgewiesen: so zu Wadrill bei Wadern an der Prims, einem Zufluß der Saar (Grimm, Weisth. 6, 516) und zu Ravengirsburg auf der Westseite des Hundsrücks (Grimm, Weisth. 2, 175). Den letzteren Ort habe ich im J. 1894 auf einer Fußwanderung besucht und zu meiner Überraschung gefunden, daß dort mitten im hochdeutschen Gebiet halbplatt gesprochen wird, z. B. statt „das" „dat" und „Ja" lautet wie in Cöln „ihja"; hier hat man also eine Kolonie vor sich, entweder eine einfache Ackerbau-Kolonie oder einen von den Römern gegründeten Wachposten von Ubiern, deren mit Hülfe der Sprache vielleicht noch mehrere aufgespürt werden können.

In einem Aufsatz in der „Allgemeinen Zeitung" v. 18. Juni 1885 hatte ich bemerkt, daß, wenn wir unsere alte Rechtssprache erst genauer ermittelt hätten, sich auch über die Stammes-Angehörigkeit der deutschen Kolonisten im Osten, in Pommern, Preußen, Schlesien, Mähren, Siebenbürgen wahrscheinlich Aufschlüsse ergeben würden, da Kolonisten ihre heimische Rechtssprache mitbringen und festzuhalten pflegen. Ich erhielt hierauf von Herrn Gymnasial-Direktor J. Wolff zu Mühlbach in Siebenbürgen die Mitteilung, daß bei einem Teil der Siebenbürger Deutschen nämlich denen der sog. Hermanstädter Provinz, der Dorfrichter noch gegenwärtig Hånn heißt, während bei einem andern Teile, bei denen um Bistritz wohnenden, dafür die Benennung Grêf gilt. Die seitdem von Dr Keintzel und Dr Kisch angestellten Forschungen haben ergeben, daß die bei den Siebenbürger Deutschen herrschende Mundart übereinstimmt mit derjenigen, welche in der Eifel und gegenüber auf dem rechten Rheinufer gesprochen wird. Mit Grund darf man vermuten, daß die in der Hermannstädter Provinz herrschende Mundart derjenigen am nächsten steht, welche an der Wied, Ahr und südlich von Cöln gesprochen wird, d. h. in Landschaften, wo die Dörfer Hunschaften, die Dorfvorsteher Honne, Hond, Hund hießen, während die Deutschen um Bistritz aus hessischen, chattischen Landschaften stammen, wo der Dorfvorsteher Gref, Grebe, Dorfgraf genannt wurde, vielleicht aus dem Westerwald.

Über die sprachliche Erklärung von Hunschaft, Hunne enthalte ich mich eines Urteils, meine aber, daß wenn Hunne, laut J. Grimm, von chunna kommen kann, es wohl auch ebensogut von chunni, Geschlecht, hergeleitet werden darf, Hunschaft also der Geschlechtsverein, Hunne der Geschlechter bedeuten würde, was sachlich sehr wohl passen würde. (Vgl. W. 5, 2664 u. Thudichum, Gesch. d. D. Pr. 20). Sollte aber Hunschaft soviel wie Hundertschaft, Hunno, Hund soviel wie Hunderter sein, so ist eben bei dem germanischen Stamm, bei welchem es Hunschaften gab, eine andere Art Rechnung in Anwendung gekommen, d. h. es sind die einzelnen Haushaltungen, die Köpfe der Gemeindsleute gezählt worden; und 100 Gemeindsleute zählte ja jede Dorfgemeinde. Bei der Zent, Huntare, dem Hunderod sind dagegen 100 Rotten oder Ackergenossenschaften gezählt. (Vgl. unten Huntare.)

Hunischer Wein. In der Urk. v. 1196, worin der Erzbischof Konrad von Mainz bekundet, daß er dem Grafen Simon von Tecklenburg das Oberschenkenamt des Erzbistums und 40 Fuder Weins vom erzbischöfl. Hofe Lahnstein zugewiesen habe, wird **vinum frankonicum** und **vinum hunicum** unterschieden. (Am Besten bei Philippi, Osnabrück. Urk.-B. 1, Nr. 424 S. 338. Vorher bei Sauer, Cod. d. Nassoicus 1, 221.) Schon v. Maurer, Gesch. d. Dorfverfassung 2, 56. 57 erklärte hunischen Wein für geringen Wein; ebenso W. 4, II, 1291 unter „hennisch". Ob aber das Wort mit hüne, heune zusammengestellt werden darf, bleibt doch sehr fraglich; auch hier müssen örtliche Forschungen angestellt werden, in welchen Landschaften die Benennung üblich war, was mit Rechnungen und dergleichen gewiß ermittelt werden kann. Mir dünkt: hunische Trauben sind Landes-Trauben, einheimische Trauben, und wenn man die Botanik zu Hilfe nimmt, Rieslinge, welche freilich in vielen Jahren sauer bleiben. Vgl. Georg Thudichum, Traube u. Wein in der Kulturgeschichte. 1881.

Anders verhält es sich mit den Namen **Honneheller** und

Honttorn, welches Abgaben an den Gemeindevorsteher, den Honnen, waren. Vgl. Thudichum, Gau- u. M. V. 26.

Huntare, Huntari ist Benennung einiger wenigen Untergaue in Schwaben, wie z. B. des Gaus Hattin-Huntare, welcher die Gegend vom Hohenzollern gegen Tübingen zu begriff, in welcher nach Urkunden des 9.—11. Jahrhunderts die Orte Hechingen, Thalheim, Mössingen und Dußlingen gelegen waren, und zu welchen sowohl hiernach und auch aus zahlreichen anderen Gründen außerdem noch 22 andere Dörfer gehörten. Dieser Untergau hatte also die nämliche Größe wie eine fränkische Zent. Wenn Hund, Hunt soviel wie Hundert (100) ist, so ist Hunt-Are soviel wie „hundert Ackerwerke"; denn ar bedeutet in der altnordischen Sprache das Ackerwerk und die Arbeit (aratio und labor, goth. arjan, ahd. aran, erran, mhd. arn, ern, nhd. ären, ähren, eren ist „pflügen"; das gepflügte Land heißt ahd. achar, acchar, altn. akr, nhd. acker, und daraus ist erst seit dem 15. Jahrhundert das Zeitwort „ackern" gebildet worden. In arapeitan, arbeiten darf man daher Zusammensetzung von ara und peitan vermuten, nicht eine Stammsilbe arb, wie W. 1, 539. 541 meint; denn gewiß war das Pflügen eine der Hauptarbeiten, die die Germanen überhaupt verrichteten. Über die hierher gehörigen Worte ist zu vergleichen W. 1, 3, 787. 1, 172. 174. 198. 545.

Hunt-are war hiernach wohl ein Verband von 100 Ackergenossenschaften zu ursprünglich 10 Haushaltungen gerechnet (vgl. hierüber Thudichum, Gesch. d. D. Pr. 1894 S. 71 Anm. 2; 75 Anm. 1) und ist ähnlich gebildet wie Hunde-Rod, hundert Rotten, abgekürzt Hundert, vgl. unter „Rotte".

Ilbe ist in der Wetterau neben Ilme im Gebrauche für den Ulmenbaum.

Juchart, später Juchert, Jauchert, wird W. 4, II, 2269 u. 2345 als aus dem lateinischen jugerum entlehnt, aber doch auch mit Beziehung auf Joch, Juch umgestaltet angenommen. Dafür könnte der Umstand sprechen, daß Juchart nur in Alemannien im Gebrauch war, soviel sich bis jetzt ermitteln ließ. Sollte übrigens nicht eine Ableitung von Juch und aren = ackern möglich sein? Juchart ist ja doch ein Stück Land, das mit einem Joch Ochsen in einem Morgen geackert werden kann.

Kirchsatz, Kirchensatz ist der Wortbedeutung nach eine Satzung etwas Ausgesetztes, Bestimmtes zu Gunsten einer bestimmten Kirche, und ist namentlich in Schwaben und der Schweiz heimisch, aber auch sonst vorkommend. Am oberen Neckar sind die meisten Ortskirchen vom König oder größeren Grundherrn in der Weise gestiftet und ausgestattet worden, daß auf einen dem Stifter eigentümlich zugehörenden größeren Gutshof (Fronhof, Herrenhof) die Grundlast aufgelegt wurde, die Kirche zu unterhalten und im Falle der Beschädigung wiederaufzubauen, und den Pfarrherrn zu besolden. Was der Fronhof mehr eintrug, verblieb dem Eigentümer; der Eigentümer konnte den Fronhof auch frei veräußern, es ging aber die darauf ruhende Bau- und Besoldungslast auf jeden Erwerber über; die Stiftung war unwiderruflich, weshalb man in solchen Fällen auch gar nicht von „Eigen-Kirchen" reden sollte. Der Ausdruck „setzen", „Satz" kann sehr wohl von einem gerichtlich vorgenommenen Rechtsgeschäft hergenommen sein, wodurch die Kirche in die angeführten Rechte eingesetzt oder der Kirche diese Rechte ausgesetzt wurden, in ähnlicher Weise, wie auch die Verpfändung „Setzen zu Unterpfand" Pfandsatzung hieß. — Mit dem Eigentum des Fronhofs war umgekehrt das Recht verbunden, den Pfarrherrn oder Kirchherrn, rector ecclesiae, zu ernennen, also einen Priester mit dem geistlichen Amt zu beleihen, das Kirchen-Lehn zu vergeben, und zwar in älterer Zeit wahrscheinlich ohne jede weitere bischöfliche Mitwirkung, wenn der Beliehene vom Bischof die Weihe erhalten hatte.

Die Ausstattung einer Kirche mit solchen Grundberechtigungen auf Kirchenbau und Pfarrbesoldung hieß auch „der Widem", dos, und ein Hof, auf welchem diese Lasten ruhten, ein „Widemhof." Im J. 1352 verkauften die Grafen von Hohenberg dem Kloster Bebenhausen bei Tübingen um 1800 ū guter Pfennig Haller Münze „für ein freies Eigen" ihren Widemhof in dem Dorf zu Bondorf, in welchen Hof der Kirchensatz und die Lehenschaft derselben Kirche zu Bondorf gehört (d. h. auf welchem sowohl die oben geschilderten kirchlichen Lasten als das Recht zur Verleihung der Stelle ruht). Schmid, L., Monumenta Hohenbergica 1862. S. 436 Nr. 494.; auch Schmid, L., Gesch. d. Pfalzgrafen von Tübingen 1853. Urk. Buch S. 236 Nr. 24.

Als im späteren Mittelalter die Päpste den Laien die Besetzung geistlicher Ämter verboten, wurden die alten Ernennungsrechte der Grundherrn als jus patronatus behandelt und eine Konfirmation und Einsetzung des vorgeschlagenen Pfarrers durch den Bischof oder Archidiakon verlangt. Weiter aber wurde von den Bischöfen versucht, solche grundherrliche Widemhöfe als „Eigentum" der Kirche anzusprechen, und einen Verkauf derselben um Geld, weil das Patronatrecht im Verkauf mitbegriffen war, als Simonie hinzustellen; im 15. Jahrhundert gelang es ihnen endlich, gegenüber vielen Herren diese ganz unberechtigten Anforderungen durchzusetzen.

Hiernach sind die Angaben bei Schmeller 3, 295 und W. 5, 809 zu ergänzen oder zu berichtigen; im W. wird leider gleich im Beginn ein falsches Licht auf das Wort geworfen durch Mitteilung einer schiefen und eigentlich gänzlich dunkelen Erklärung von Adelung: „das Recht eine Kirchenstelle zu besetzen und dazu gehörigem Genuß"; soll das heißen, daß der Besetzende oder der Gesetzte Genuß hat? Wie man es erklären mag, immer bleibt es unzutreffend. Verfehlt sind auch die Angaben K. F. Eichhorns, Kirchenrecht 2, 703 1833, weil er das ursprüngliche Eigentum der Grundherrn an ihren Fron- oder Widem-Höfen bestreitet oder nicht erkannt hat; zu allgemein lauten die Mitteilungen des Vorstandes des Staatsarchivs zu Stuttgart im Wüttembergischen Archiv f. Recht und Rechtsverwaltung 15, 390—393, 1873, entbehren auch urkundlicher Belege.

Kirchspiel, Kirchspel wird 5, 825 richtig von spël = Rede, Sprache abgeleitet und also als Kirchensprache, Besprechung, Verhandlung der Kirchengenossen erklärt, auch richtig „spilhaus" herangezogen und nur noch Zweifel daher abgeleitet, daß Spilhaus öfters mit „theatrum" übersetzt wird. Allein theatrum heißt im Lateinischen nicht bloß Schauspielhaus für dramatische Aufführungen, sondern auch überhaupt Schauplatz, öffentlicher Versammlungsplatz.

Lasse, Late, werden 6, 212. 274. ungenügend erklärt, mit „Höriger" was kein fester Begriff ist, (vgl. oben); Lete und Lite fehlen ganz; nur unter Lieblohn, 6, 994, ist ein kurzer, übrigens unzutreffender Hinweis gegeben. Laße, Lite war ein halbunfreier Mann von ganz bestimmter Rechtsstellung, die erst seit dem 14. und 15. Jahrh. sich nach verschiedenen Richtungen hin verwischte. Genaue Nachweise und Versuche sprachlicher Erklärung bei Thudichum, Gesch. d. D. Pr. 103—105. 119. 125. 138, auch Anm. 3.

Lidmagen, Lidmagen. W. 6, 981 wird zwar Lid als unser heutiges Glied erklärt, aber der Ausdruck Lidmagen nicht angeführt, ebensowenig bei Schmeller 2,438. Eine Anzahl von Belegen sind gegeben bei Thudichum, Gesch. d. D. Pr. 19.

Lollhart, Lollard, Lollbruder, Nollhart, Nollbruder, Nollertbruder: W. 6, 1144 u. 7, 878—880, bei Schmeller nicht erwähnt, im Gebiet des heutigen rechtsrheinischen Bayern also unbekannt. Der Name tritt zuerst in den Niederlanden auf und die älteste von Mosheim in seiner Schrift De beguardis et beguinabus 1790 S. 240 beigebrachte Nachricht für das Jahr 1309 ist entnommen aus Hocsemius, Gesta Pontificum Leodiensium 1, c. 31. in Jo. Chapeavillus Gesta Pontificum Tungrensium et Leodiensium 2. 350 und lautet: Eodem anno 1309 quidam hypocritae gyrouagi, qui Lollardi siue Deum laudantes vocabantur, per Hannoniam et Brabantiam quasdam mulieres nobiles deceperunt; d. h. „im nämlichen Jahr 1309 haben in Hennegau und Brabant gewiße herumziehende Heuchler, welche Lollarden oder Gott Lobende genannt wurden, einige ablige Frauen berückt." Hier wird also der Name gedeutet als „Deum laudantes". Lollen, lullen bedeutet im Niederländischen leise oder heimlich singen, sprechen, flüstern, munkeln, mucken, mussare, mussitare, mutire und Lollhart ist also ein beharrlich Flüsternder, so wie Beghart ein beharrlich Bittender oder Betender. Ohne Zweifel waren es evangelische Brüder, welche diesen neuen Namen annahmen, um den gegen Waldenser und Begharden eingeleiteten grausamen Verfolgungen zu entgehen; das ergiebt sich mit Bestimmtheit aus der Geschichte Englands zur Zeit Wyclifs bis ins 15. Jahrhundert hinein, wird aber auch durch die im Wörterbuch gegebenen alten Erklärungen bestätigt: reus laesae fidei, haereticus Valdensis. Sie bildeten Brüderschaften, um Arme zu unterstützen, in Krankheit zu pflegen und ihnen ein unentgeltliches Begräbnis zu verschaffen, brauchten dazu Geld und mußten darum wie die Begharden betteln. Das erklärt den Spottvers:

lulhardi lollant, ut nummos undique tollant.
Ut Reinhard volucres, sic Lolhart fallit mulieres.

Wie die Begharden und alle Häretiker wurden auch sie von den Papisten natürlich als Faullenzer, Heimtücker, Gleißner hingestellt und der Name spöttisch in Nollhart verdreht, ihnen also starke geschlechtliche Neigungen Schuld gegeben, so wie im 18. u. 19. Jahrh. Pietisten und sonst streng Kirchliche „Mucker" geschimpft worden sind.

Im 15. Jahrh. sind die Lollharden vielfach etwas ganz anderes als früher geworden, wie dies auch bei den Beguinen geschah: sie sind als Laienbrüder einem vom Papst genehmigten Orden angeschlossen, den Franziskanern oder Dominikanern, oder auch den ordensähnlichen Brüdern des gemeinsamen Lebens. Lollharden dieser Art hatte Sebastian Franck vor Augen, wenn er in seinem Krieg=Büchlin des Friedes, Frankf. a. M. 1550. Blatt 124. 125 bei Besprechung der geistlichen Ritterorden sagt: Johannes der Patriarch zu Alexandria hat diesen Orden aufgerichtet, damit die nach Jerusalem Pilgernden sicheres Geleite dorthin erhielten; „Die Priester sollen daheim singen, lesen, meßieren, und jre Nollbrüder odder Bärtling, die sie Conuersen, d. h. ist bekerten nenneten, diese waren der Bilgrame Dolmetschen und Geleytslent und des Klosters Schaffner." Im W. 7, 879 ist diese Stelle unvollständig und daher nicht verstänblich mitgeteilt.

Im J. 1472 nahm Papst Sixtus IV. die Lollharden auf Verlangen Karls des Kühnen, Herzogs von Burgund, unter die geistlichen Gesellschaften auf, und Papst Julius II. erwies ihnen ebenfalls seine Gunst; vgl. Schröckh, Christl. Kirchengesch. 33, 167—169; seitdem finden sich Lollarden-Niederlassungen oder Häuser wieder an verschiedenen Orten, aber doch nur in Ländern und Städten, wo eine kirchlich freiere Richtung gepflegt wurde, wie z. B. in der Grafschaft (seit 1495 Herzogtum) Württemberg unter Eberhard im Bart, wo neben den Brüdern des gemeinsamen Lebens auch Beguinenhäuser und Lollhardenhäuser in ziemlicher Zahl entstanden. Auch die Schule der Nollbrüder zu Magdeburg, welche Martin Luther ein Jahr lang besuchte, hat vermutlich einen etwas evangelischen Anstrich gehabt. Die Angaben Lechlers in Herzogs Realencyklopädie unter „Lollarde", obwohl im Wesentlichen zutreffend, sind hiernach zu berichtigen.

Mannlehen. 6, 1595 ist der Beleg aus Mösers Patriot. Phantasieen zu streichen, weil Möser sich im Irrtum befindet; ein auf Weiber vererbendes Lehn hieß Weiberlehn, und ein belehntes Weib mußte die Mannschaft durch Stellvertreter leisten lassen. Thudichum, G. b. D. P. 453.

Mark wird gebraucht für den großen Gau, für die Zent-Mark und die Dorf-Mark, Thudichum, Gau- und M.V. 4, 19, 35. 116. 130. Die Dorfmark wird schon im 8. und 9. Jahrh. für Tausende von Dörfern in Deutschland urkundlich erwähnt; auch die Lex Ribuariorum 75 gedenkt ihrer schon in folgender Bestimmung: Si quis caballum, hominem, vel quamlibet rem in via propriserit, aut eum secutus fuerit, per tres marcas ipsum ostendat, et sic postea ad Regis stapplum ducat. Sin autem aliter egerit, fur indicandus est. Der Finder muß also einen Fund in drei Dorfmarken öffentlich vorzeigen und an die Obrigkeit abliefern widrigenfalls er als Dieb gilt.

Meier, Meister. Bevor ich meine Ansicht über diese Worte vortrage, muß ich einige allgemeine rechtfertigende Vorbemerkungen vorausschicken. Im vorigen und früheren Jahrhunderten war es eine wahre Sucht der Deutschen, einheimische Worte, die man nicht zu deuten vermochte, auf römischen Ursprung zurückzuführen, z. B. König Konrad den Saligen für den „salius", „den Springer" zu erklären, Almand von alimentum herzuleiten u. s. w.; mit der besseren Erforschung der germanischen Sprachen nahm das erheblich ab; aber auch Jak. Grimm und Schmeller hielten noch eine gute Anzahl von Wörtern für entlehnt aus dem Lateinischen oder Griechischen, die jetzt als deutsch oder indogermanisch gelten. Noch im Jahr 1848 war Grimm, Gesch. d. D. Spr. S. 65 geneigt Erbse von ervum abzuleiten, was im Wörterbuch 3, 739 aufgegeben ist; Weigand zweifelte nicht daran, daß Esel aus dem Lateinischen asinus entnommen sei, Grimm, W. 3, 1144 ruft aus: „wer möchte Esel aus asinus herleiten?", namentlich seitdem im J. 1891 in einer Höhle bei Schaffhausen die Knochen des uralten Wildesels ausgegraben worden sind! Die Kirsche wird noch gegenwärtig von cerasus abgeleitet, obwohl schon die Pfalbauern Kirschen verzehrt haben, die Kirsche also in Süddeutschland reifte, ehe ein Römer hier gesehen worden ist, sowie auch der Weinstock an Rhein und Mosel ureinheimisch ist. (Vgl. Georg Thubichum, Traube und Wein in der Kulturgeschichte 1881 S. 3—7.) Angesichts dieser Thatsachen werden die Sprachforscher es sich gefallen lassen müssen, wenn der Versuch gemacht wird, auch die Ableitung mancher anderen Worte aus dem Lateinischen neu zu prüfen.

Zunächst ist zu bestreiten, daß es sprachlich geboten sei, das Wort Meier von major, Meister von magister herzuleiten. Die germanische Sprache hat das Wort „mehr", goth. adjectiv maiza, adverbial mais ahd. mero, mêr, fries. mara, altn. meiri, und adverbial meir (Grimm 6, 1870); der Schwabe sagt noch heutzutage in der Gegend von Tübingen nicht „mehr" sondern „maier"; ebenso hat sie „meist" goth. maists, fries. mâst, altn. meistr. Beide Worte werden 6, 1870 und 1947 von der Wurzel mag. mit dem Grundbegriff des körperlichen Wachstums hergeleitet, während Kluge, Ethymol. W. andere Erklärungen versucht. Was im Wege stehen soll, „Meier" und „Meister" von diesen germanischen Worten abzuleiten, ist schlechterdings nicht einzusehen. Schon im Althochdeutschen kommt meiur, meior, altn. meiar, gen. meiras, dat. meira für Gutsverwalter vor, ebenso ahd. maistar, maister, fries. mâstere, mêster, altn. meistari; es tritt also in so frühen Zeiten auf, und so allgemein auch im Norden Deutschlands, ja in Skandinavien, daß eine Entlehnung aus dem Lateinischen durchaus unwahrscheinlich ist, obwohl sie von Schmeller 2, 537. 1828 und in Grimm W. 6, 1209. 1952 und von den übrigen Sprachkennern angenommen wird.

In Bayern, Schwaben, Westfalen, Engern und Ostfalen bedeutet Meier allgemein einen „Oberen", einen „Vorgesetzten", einen Bauer, der über ein fremdes Bauergut gesetzt ist, oder dasselbe im Eigentum hat, ferner einen Aufseher über einen herrschaftlichen Hof, der die dazu gehörigen Hofbauern überwacht. In Bayern bezeichnet es ferner, ebenso wie Meister, den ersten Dienstboten „Maier", „Maierin", „Meister-

Knecht", Maifter-Diern". Schmeller-Fromman 1, 1552, 1. Aufl. 2, 535; ferner allgemein einen Vorrang haben; im Hochgebirg ist "Hagmaier" oder "Mair-Raufer" ein vorzüglicher, ein Hauptraufer; "Maier-Kuh" oder "Hagmaier-Kue" eine große, schwere Kuh, die dem Vieh anderer Herden auf der Alpe im Kampfe überlegen ist und sich und ihrer Herde gewöhnlich die bessere und fettere Weide erobert. Auch bei gewissen Spielen, z. B. beim Eis-Schießen, werden die beiden Sieger "Maier" genannt. (Schmeller 2, 537.) Solche Anwendungen müssen doch stutzig machen an das Lateinische major zu denken.

Noch seltsamer klingt die Zumutung, das in hundertfältiger Anwendung gebrauchte Wort "Meister" als Lehnwort zu nehmen. Soll der Deutsche, wenn er sagt: ich werde der Not Meister, ich bemeistere mich einer Stadt für solche Begriffe ein Lehnwort gewählt, ja ein Zeitwort aus solchem Lehnwort gebildet haben? Wer es für wahrscheinlich hält, daß Bürgermeister aus Bürger-Magister, Hof- oder Hausmeister, Hausmeier, aus Hof- oder Haus-Magister, Hausmajor entstanden sei, möge uns doch auch angeben, wie die Sachsen und Nordthüringe dazu gekommen sein sollen einen Dorfvorsteher Dorfmeier, Dorfmeister, Bauermeister, burmester, also Dorfmagister, Burmagister zu nennen, die Zünfte ihren Vorsteher Zunft-Magister, die Markgenossen die Vorgesetzten der Mark Markmeister, Märkermeister, also Märker-Magister! Eine solche Verkuppelung urdeutscher Worte mit einem Fremdwort ist schon an sich kaum verständlich, für alte deutsche Einrichtungen aber, wie die Dorf- und Markverfassung undenkbar. Wenn die Märker nicht das urdeutsche Wort Maister gehabt hätten, würden sie ihre jährlich gewählten Vorsteher sicherlich mit einem andern **deutschen** Wort bezeichnet haben. Man denke endlich an: Jägermeister, Zeugmeister, Waffenmeister, Rottmeister, Rittmeister.

Mundtot W. 6, 2693 richtig erklärt. Zur Bestätigung dafür, daß ein mundtoter ein seiner Munt entkleideter, unter Vormundschaft gestellter "Entmündigter" ist, dient Falck, N., Handbuch des Schleswig-Holsteinschen Privatrechts 4, 97.

Muntau, Munta, Muntat. Ein kurpfälzisches Privilegium für die Stadt Amberg in der Oberpfalz vom J. 1553 besagt: "Zum ailfften die straffe in der Mundtaue soll dem Rhate auch gefolgen, doch das sich dieselbig weiter nit erstrecken, als of dem Rhathause, Marckht, Trinkhstuben, vnd den baiden gewohnlichen Armbrust vnd Bixenschus verlezen" (lies plezen, Plätzen). Nach gütiger Mitteilung des Herrn K. Kreisarchivars Roth zu Amberg war die städtische Gerichtsbarkeit scharf abgegrenzt von der kurfürstlichen, welche durch einen eigenen Landrichter ausgeübt wurde, und nimmt das Privileg hierauf Bezug. Schmeller 2, 597 teilt eine Stelle aus dem Amberger Stadtrecht, nach dem Neudruck, den 1817 der Stadtrat Schenkl besorgte, mit, welche nach dem älteren Druck von 1554 folgendermaßen lautet: „Ob sich aber obuermelte Habereyen, als Stossen, rauffen, werfen, wehrzucken, vnd dergleichen auffm Rathhanß, dem Marckt, soweit sich die M u n t a w erstreckt, desgleichen auff der Trinckstuben, vnd beben, büchßen vnn Armbrust schießpletzen zutragen, so ist der verbrecher zu straff verfallen drey pfund pfenning. Würde dann einer, der enden yemandt schlagen und verwunden, der soll alsbalden ein hanub verwürckt haben, oder die doch auff genad, mit fünfftzig gülben lösen, welche geltstraff (die M u n t a w berürend) laut der freyheit, und wie oben begriffen, getheylt werden solle." Eine im K. Kreisarchiv zu Amberg aufbewahrte Abschrift des „Gesatzbuches der Stadt Amberg" im 16. Jahrh. geschrieben, enthält an der entsprechenden Stelle das Wort Muntaw nicht.

Der Stadtrat Schenkel glaubte 1817 das Wort als gleichbedeutend mit „Freyung" erklären zu dürfen, ohne eine sprachliche Ableitung zu versuchen. Schmeller 2, 597 aber meinte, es könne allenfalls zu „die Munt", Schutz, Schirm, Schutzgewalt gehören; Heyne im W. 6, 2699, welcher einige sehr abgekürzte Belege aus Mainz, Bamberg und Nürnberg beibringt, nimmt es für Entlehnung aus dem Lateinischen immunitas, wie schon Zöpfl, H., Deutsche Rechtsgeschichte 1858 S. 439 bis 440. Ich kann dieser Deutung zunächst in sprachlicher Hinsicht nicht beistimmen. Die Verwandlung der lateinischen Endsilbe tas in tät ist allerdings etwas Gewöhnliches, wie bei puritas, Parität; aber wie will man erklären, daß die Vorsilbe „in" welche die entscheidende verneinende Bedeutung hat, ohne Veränderung des Sinns könnte verschluckt worden sein; wer will glauben, daß z. B. aus imparitas Parität, aus inutililitas Utilität werden könnte? Mir dünkt die von Schmeller gegebene Zurückführung anf „die Munt", d. h. H a n d, manus, und in der Folge Schutzgewalt, viel einleuchtender. Die Endung at ist ebenso wie et, eit, heit eine der deutschen Sprache geläufige; vgl. Schmeller 1, 126. 129; z. B. ist Schreiat der Schandpfahl, wo Übelthäter verschrieen wurden, Schmeller 3, 503; in Schwaben heißt Stricket, Kochet die Strickstunde, Kochstunde.

Übrigens ist daran zu erinnern, daß der Bezirk eines Burgfriedens innerhalb dessen jede Fehde verboten war, äußerlich kenntlich gemacht wurde durch e i s e r n e H ä n d e, die an den Straßen auf Pfählen aufgesteckt waren und einen also durch die Hand oder Munt befriedigten Bezirk kann man darum die Muntau oder Muntat genannt haben.

Bis jetzt ist kein auch nur halbwegs haltbarer Beweis beigebracht worden, daß Muntat etwas mit immunitas zu thun habe. Die Ausführungen Zöpfls S. 439 über eine Immunität der „Grundherrn" ist freie Phantasie; die Urkunde Kaiser Rudolfs v. 1275 für Weißenburg im Elsaß wahrscheinlich Fälschung aus der Zeit der gewaltthätigen Übergriffe der Äbte von Weißenburg gegenüber den Bauern, sie beweist auf keinen Fall eine kirchliche immunitas. Eines der vielen Dekanate des Bistums Mainz, westlich von Aschaffenburg, hieß Dekanat Muntat, Montat, vielleicht auch ein politischer Landbezirk, was sich noch nicht sicher beurteilen läßt, da möglicherweise auch hier Fälschungen mitunterlaufen. Die hier einschlagenden Urkunden sind gesammelt bei Wagner, Gg. W. Justin, Die Wüstungen im Großherzogtum Hessen. Provinz Starkenburg. 1862. S. 242—245; die gegebenen Erklärungen aber unstichhaltig. Vgl. auch Urk. v. 1314 bei Baur, L., Hessische Urkunden 1, 255 Nro. 358.

Pfinztag, W. 7, 1703 = Donnerstag. Da eben so oft, ja gerade in den älteren Belegen die Form Phinstag vorkommt, wäre diese 7, 1833 anzunehmen und auf Donnerstag 2, 1252 zu verweisen gewesen. Richtig wird angegeben, daß die Benennung lediglich der bayerischen und österreichischen Mundart angehört, was eine wichtige Thatsache für die Erklärung bleibt. Eine Erklärung hat zuerst im J. 1827, Schmeller 1, 95 und 321 versucht, und pfinz, phinz aus πέντε, πέντα entstanden angenommen, wonach Pfinztag der fünfte Tag der Woche ἡ πέντα ἡμέρα wäre. Diese Erklärung ist dann im J. 1860 im W. 2, 1252 beim Wort „Donnerstag" gebilligt worden, ebenso W. 7, 1703 von dem Bearbeiter Lexer.

Daß πέντε zu phinz, pfinz, werden konnte, ist nicht wohl zu bestreiten, da aus πεντεκοστή = der fünfzigste auch Phingsten und Pfingsten, beim Volk Pingsten geworden ist. Schmeller begründet seine Ableitung nun folgendermaßen: In der christlichen Kirchensprache des römischen Reichs habe der Donnerstag, dessen heidnischer Name dies Jovis war, feria quinta, fünfter Tag der Woche vom Sabbat, Samstag an gerechnet, geheißen, und heiße bei den Neugriechen noch jetzt ἡ πέμπτη oder πέφτη. Die Bayern hätten nun nach Auflösung des gothischen Reichs in den Donauländern „eine Zeit lang unter byzantinischem Einfluß gestanden, oder doch zwischen diesem und dem fränkischen Einfluß geschwankt" und so könnte bei ihnen (im 5.—8. Jahrhundert?) die griechisch-deutsche Benennung „πέντε-Tag" in Übung gekommen sein. (1, 95). Daß das

Wort nicht urkundlich vor dem 12. Jahrh. bezeugt ist, bildet kein Hindernis, da sich unzählige deutsche Wörter nicht höher hinauf verfolgen lassen.

Ich muß dahingestellt sein lassen, in welcher Zeit die christliche Benennung der Wochentage nach Zahlen im römischen Reich eingeführt worden ist, und in welchen Provinzen sie Geltung erlangt hat, ferner ob genügende Gründe dafür vorliegen, die Verbreitung des Christentums bei den Bayern vorzugsweise griechischen Missionären zuzuschreiben. Der Erklärung bedürftig bleibt es jedenfalls, wie man dazu gekommen sein soll, einen einzigen Tag der Woche nach einer Zahl zu nennen, während alle andern ihre heidnischen Namen behielten? Schmeller beruft sich 1, 321 darauf, daß auch die Ungarn, Böhmen, Polen, Russen einen Tag ihrer Woche den „fünften Tag" nennen, allerdings nicht den Donnerstag, sondern den Freitag, was sich daraus erkläre, daß die in viel späterer Zeit bekehrten Slaven die Wochentage vom Montag an gezählt hätten. Auch dieser Beweisgrund erheischt erst noch weitere Untersuchung. Schmeller war zur Annahme einer Entlehnung des Wortes Phinstag aus dem Griechischen um so geneigter, als er anfänglich auch den Erchtag oder Eritag als aus dem Griechischen Ἄρεως ἡμέρα entlehnt angesehen hatte (1,95), was er aber dann schon S. 321 wieder zurücknahm.

Es ist hier noch weiter daran zu erinnern, daß man bisher auch den Namen S a m s t a g, Samestag, ahd. Sambaztag, als aus Sabbats=Tag entsprungen angenommen hat. Sabbat war bei den Christen lange Zeit hindurch gerade wie bei den Juden, der dem Gottesdienst und der Ruhe geweihte Tag, nämlich wie noch jetzt bei den Juden der Samstag; nach Verlegung des Feiertags auf den folgenden Tag, den Sonntag, dies dominicus, di domenica, dimanche, hätte die Benennung Sabbatstag eigentlich fallen sollen; sie blieb aber in allen romanischen Sprachen bestehen, und so gewinnt es Wahrscheinlichkeit, daß der in Süddeutschland (bis Hessen hinauf) übliche Name Samstag, französisch Samedi, in der That von Sabbatstag kommt. Das nd. und englische Saterdag, Saturday, von Saturni dies (Schmeller 1, 321) erklärt sich aus Fortdauer der heidnisch=römischen Sprache in diesen Ländern.

Ich erlaube mir die Möglichkeit einer anderen Deutung von Phinstag vorzustellen, und zwar aus zwei Gründen: Zunächst fällt auf, daß der Name nur beim bayerischen Volksschlag in Übung gewesen ist und noch ist, und daß, sobald man die Grenze Schwabens oder Frankens betritt, kein Mensch mehr weiß, was Phinstag sei, ganz wie es sich auch mit dem Erchtag verhält. Wenn die Worte Pfingsten, Kirche, Pfarrer, Sabbatstag u. s. w. eine weitere Verbreitung gefunden haben, warum macht der Phinstag an der Grenze der bayerischen Mundart Halt? und wie kommt es, daß diese angeblich griechisch-deutsche Benennung den germanischen Donnerstag vollständig verdrängen hätte können, wenn der Tag früher Donnerstag geheißen hätte? Zweiter Grund: Dem Namen Phinstag klebt in den Augen des Volkes eine besondere Bedeutung an, nicht gerade des Schlimmen, Unglücklichen, aber des Kühnen, Wilden, Gewaltthätigen. Bertholb von Regensburg, der 1250—1272 predigte, sagt in einer seiner Reden: „Der fünfte stern heizet Jupiter. nû solte ouch der fünfte tac heizen ein hilflich tac [dies Jovis]. owê, wer hiez in ie phinztac?" d. h. o weh, wer hat ihm einmal oder einstmals den Namen Phinztag gegeben, einen Namen von so schlimmem Klang. Eine bayerische Bauernregel lautet: „fällt der Christtag auf den Pfinztag, so wird der Winter gemain (allgemein, lang) der Lenz windig, der Sommer gut, und es giebt schlechtes Korn und viel Obst." Im bayerischen Oberland nennen die Mägde die am Pfinztag zur Welt gekommenen jungen Kühe ein „Pfinztelein", Finztál, Finstáj (Schmeller (1, 322), was soviel wie in Schwaben donnermäßig, donnerschlächtig,[1]) Blitz-Kuh bedeuten dürfte, also ein Tier, welches sich durch Kühnheit oder Wildheit oder sonstige böse oder gute Eigenschaften auszeichnet. In ähnlicher Weise werden Möndische, Mönige, Mondsüchtige solche Menschen genannt, deren Irrsinn verschwindet und wiederkehrt, Zusammenhang mit dem Mondwechsel zeigt und vom Mondgott kommt, sowie ein Mond-Kalb eine Mißgeburt des Rindviehs ist. (Grimm, Myth. 1111. Wörterb. 6, 2500. 2508. 2513.) Der bayerische Geschichtsschreiber Aventinus († 1534) bemerkt 5, 181, 7: in älterer Zeit hätten die Laien während der Fastenzeit nur an drei Tagen gefastet und am Sonntag, Erichtag und Pfinztag Fleisch gegessen; wollte man in den ersten Jahrhunderten nach der Bekehrung dem Volk noch nicht zumuten an den Tagen seiner früheren höchsten Götter zu fasten und zu trauern?

Pikarde, Pickarde ist im 14.—16. Jahrhundert in Böhmen und Mähren Bezeichnung für die evangelischen Brüder oder Waldenser, späterhin „Böhmische" Brüder genannt; und auch in Sachsen, wohin viele Brüder flohen, kam die Bezeichnung nachher in Gebrauch. Aeneas Sylvius in seiner Geschichte von Böhmen Kap. 51 führt den Namen zurück auf einen aus dem belgischen Gallien, offenbar aus der Pikardie nach

---

[1] Die Meinung Schmellers 3, 429, daß „donnerschlächtig" soviel wie „vom Blitz getroffen oder zu treffen" bedeute, ist nach dem, was er selbst über „schlächtig" beibringt, ein Irrtum.

Böhmen gekommenen Häretiker, der hier viele Anhänger gewonnen habe. Die Stelle lautet: Inter haec et alia apud Bohemos nefanda et inaudita prius emersit heresis. Piccardus quidam ex Gallia Belgica in Bohemiam penetravit, qui brevi tempore non parvam mulierum virorumque plebem ad se traxit, quos nudos incedere jubens,. Adamitos vocavit. Hic filium Dei se dixit et Adam vocari. Connubia eis promiscua fuere. Es sind das die gewöhnlichen Verläumdungen, wie sie gegen alle Häretiker ausgestreut worden sind. Dobrowsky in seiner Geschichte der böhmischen Pikarden und Adamiten (Abhandl. b. böhm. Akad. d. W. 1788 S. 309) äußerte die Meinung, Pikarde sei dasselbe Wort wie Beghard und nur von den Böhmen anders ausgesprochen worden, nämlich Pikhard, Pikard; die Verwandlung des e in i dürfte keinen Anstand bieten, aber daß ein weiches B zu einem harten werden konnte, ist schwerer zu glauben und würde eher anzunehmen sein, wenn sich in Böhmen auch die Form Pickine für Begine nachweisen ließe, was bis jetzt nicht geschehen ist. Nun giebt Röhrich, T. W. Geschichte der Reformation im Elsaß 1, 19—21, 1830 aus Daniel Specklin's Collectanea, handschriftlichen Auszügen aus Urkunden des Stadtarchivs, folgende Nachricht: Bei der vom Bischof von Straßburg und den Dominikanern im J. 1212 zu Straßburg eingeleiteten Inquisition gegen die Häretiker sagten die Angeklagten aus: sie hätten drei Oberste, denen sie Geld und Anderes zuschickten, damit man den Armen helfe; der höchste dieser drei sei zu Mailand, außerdem noch Picardus in Böhmen und der Priester Johannes in Straßburg selbst. — Hiermit ist für die Richtigkeit der Angabe des Aeneas Sylvius voller Beweis erbracht und bei näherer Überlegung verliert dieselbe auch alles Auffallende. Unter den Deutschen, welche sich im 13. und 14. Jahrhundert in böhmischen Städten und wohl auch auf dem Land ansiedelten, sind ohne Zweifel auch Vlaminge gewesen und im nördlichsten Frankreich ist die Bevölkerung vlämisch und hat bis in die neuesten Jahrhunderte nur vlämisch gesprochen. Germanische Bevölkerung ist auch in einem Teile der Picardie, eines Landstrichs von großer Ausdehnung, einheimisch. Sehr gut kann also ein Picarde nach Böhmen gekommen sein und bei den dort neu angesiedelten und von Alters daselbst wohnenden Deutschen die Lehre der Brüder verbreitet haben. Auch die Vlaminge in der Goldnen Aue bei Erfurt waren Brüder.

Pfründe. Schmeller 1, 331 u. 332 stellt das lateinische praebenda daneben, ohne ausdrücklich zu sagen, daß Pfründe aus praebenda entstanden sei; Weigand, Deutsch. Wörterb. nimmt diese Ableitung an, und ebenso W. 7, 1799, bearbeitet von Lexer. Ich vermag Zweifel an der Richtigkeit dieser Deutung nicht zu unterdrücken. Keineswegs bloß die Besoldung des Pfarrers oder überhaupt eines Klerikers wird Pfründe genannt, sondern auch die Besoldung des Hirten, „Hirtenpfründ" (nach Schmeller in Nürnberg, nach Weigand in der Wetterau, was ich auf Grund vieler Urkunden bestätigen kann); ferner nach Schmeller: auf dem Lande die Nahrung, welche sich die Eltern bei der Übergabe ihres Gutes an die Kinder ausbedingen; in Wien geben Bürgermeister und Rat im 15. Jahrh. jährlich auf Weihnachten ihr Pfründ und Amt auf; in einem österreichischen Weisthum von 1494 ist von der Pfründ des Wildhüters die Rede, u. s. w. Schon bei Otfried II, 4, 64 steht pruonton im Sinn von ernähren und spät-ahd. kommt phruntari für Pfründnehmer vor. Das spricht sehr gegen Entlehnung. Der zweite Grund dagegen ist: daß in der lateinischen Kirchensprache der Name praebenda zwar für das Einkommen eines Domherrn, Stiftsherrn, nicht aber für das Einkommen eines gewöhnlichen Pfarrers üblich gewesen ist, da dieses vielmehr bis ins 9. Jahrh. precaria, und seitdem beneficium genannt zu werden pflegte. Mag das Pfarr-Einkommen dann und wann ebenfalls praebenda genannt worden sein — ich erinnere mich keines urkundlichen Vorkommens — so war das doch so seltene Ausnahme, daß daraus unmöglich ein allgemein volksmäßiger Sprachgebrauch entstehen konnte.

Richter. Vgl. das bei Scheffe Gesagte.

Rotte, Rode wird W. 8,1315 mit aller Bestimmtheit als „Lehnwort aus dem Französischen" bezeichnet, und zwar aus altfranz. rote, mittellateinisch rutta, rupta. Schmeller 3,170 1836 ließ die Möglichkeit deutschen Ursprungs offen; ich erkühne mich dieselbe für zweifellos zu halten und anzunehmen, daß das altfranzösische und provenzalische Wort rota, rote, welches Abteilung im Heer bedeutet (F. Diez, Etymolog. Wörterb. 4. Aufl. 1878 4,276) von den Westgoten, Burgunden, Franken nach Frankreich gebracht worden ist. Daß Rode ursprünglich nur für militärische Abteilung gegolten habe und dann auf andere als Heeresverhältnisse „übertragen" worden sei, wie W. 8,1317 ausgeführt wird, ist willkürliche, durch die vorausgesetzte Entlehnung aus dem Französischen freilich abgenötigte Annahme. Das altdeutsche Volksheer setzte sich nach Geschlechtern, die nach Zahlen abgegrenzt waren zusammen, und diese Geschlechter wohnten zusammen in Dorfgemeinden; Rotte war daher ebensowohl Heeres- als Volks-Einteilung, und als letztere erscheint sie in vielen urgermanischen Ländern. In Tirol ist Rod eine Abteilung der Dorfgemeinde. Vgl. Tirolische Weisthümer, hrsg. v. Zingerle u. Egger.

2 Abt. 1891 Glossarium S. 913 und Sachregister S. 1145. Etwas Ähnliches gibt Schmeller 3,169 über einige Salzburgische Ämter an, ferner daß im salzburgischen Landstrich Berchtesgaden mehrere „Gnotschaften" zusammen eine Rott ausmachten. Auch in Steiermark zerfallen die Gemeinden in Rotten; eine von mir versuchte Erkundigung, wie viele Rotten eine Gemeinde zähle und welche Bedeutung die Einteilung habe, ist erfolglos geblieben, weil bis jetzt niemand diesen doch außerordentlich wichtigen Thatsachen nachgefragt hat. In der ehemaligen Herrschaft Eppelborn, im Kreise Ottweiler an der Ober=Mosel, besaß noch im J. 1863 eine Genossenschaft von 91 Gleichberechtigten Eigentümern einen Wald gemeinschaftlich. Wenn Holz zu fällen ist, so wird immer 9 oder 10 Mann zusammen ein Distrikt oder gewisse Bäume angewiesen, und zwar nach dem Los; jede solche „Rotte" fällt das Holz zusammen, und ver= teilt es durchs Los unter die Einzelnen. Vgl. Hauffen, G., die Gehöferschaften im Regierungsbezirk Trier 1863 S. 93. Die 12 Ge= meinden des Landes Appenzell hießen und heißen noch jetzt Roden, und die katholisch gebliebenen inneren Roden werden wieder in kleinere Roden abgeteilt(!) Schmeller 3,169 nach Stalder 2,282. Auch in Ostfriesland heißt die Dorfgemeinde „Röt."

Nimmt man die Rode für eine Genossenschaft von 10 Mann, 10 Hausvätern an, so würde hunderod der alte Name für Hundert, soviel wie 100 roden sein; die altnordische Form hunderad, ags. und friesl. hundred steht schwerlich entgegen, da o, a, e, im Volksmund nie rein ge= sprochen werden.

Sala, Sele, salen, selen und alle davon abgeleiteten oder zusammengesetzten Worte sind ausführlich behandelt in Thudichum, Sala, Sala=Gau, Lex Salica 1895 S. 82.

Scheffe, Schöffe. W. 9,1441. Grimm R. A. 775 hatte das Wort hergeleitet von scapan, schaffen, ordinare, decernere, ebenso Weigand, während das W. die Ableitung von „schöpfen" in den Vorder= grund stellt, mit Unrecht. Die alte Form ist scabino, schabino, scheffe, scheppe; bei den Rhein= und Main=Franken wird man nur scheffe finden, an der Mosel wahrscheinlich nur scheppe, da das Volk noch jetzt, wie ich selbst gehört, in Trier für „schaffen" „scheppen" sagt, ebenso im Niederdeutschen. Die Formen Schöffe, Schöppe, Schöpf sind vor dem 16. Jahrh. kaum irgendwo in Aufnahme gekommen; „Schöpf" wurde offenbar dadurch zur Herrschaft gebracht, daß die Peinl. Gerichtsordnung Karls V. v. 1532, welche von römisch=rechtlich gebildeten Juristen ent= worfen ist, in Art. 4 u. a. O. „Schöpff oder Urteilsprecher" bietet.

Gerichtliche Urteile wurden gefunden, gewiesen, gefällt, gegeben, erteilt, geschafft, aber nicht geschöpft, das Wort im heutigen Sinn genommen. Der Frankfurter Baculus judicii aus dem 14. Jahrh. bei Thomas, Jo. Gerh. Chr., der Oberhof zu Fr. a. M. 1841 S. 226 enthält folgenden Artikel 11: „Item die scheffene sollent den partyen noch jren vorsprechen nit anwysunge tun odir geben, es sy am gerechte ader usswendig des gerechtes, obe sie anders die orteil wollent helffen sch e ffe n odir fellen."

Das Wort Scheffe ist in Schwaben, in der Schweiz und im südlichen Elsaß, sowie in Bayern ehemals vollkommen unbekannt gewesen, daher auch der Verfasser des Schwabenspiegels eine Form „Schephende" phantasiert, die urkundlich nirgends vorkommt. In Schwaben hießen die Urteilsprecher „Richter" oder „Urteiler", Rechtsprecher", in Bayern gab es gar keine ständigen Urteilsprecher, sondern der vorsitzende Richter fand nach Beratung mit dem ganzen Volk das Urteil. In einem breiten Landstrich von Nördlingen bis Bruchsal, wo fränkischer und schwäbischer Volksschlag gemischt wohnt, sind in zahlreichen Städten und Gerichten beide Benennungen neben einander in Gebrauch gewesen, und heißt es also in den Urkunden „Scheffen oder Richter", „Richter oder Scheffen." Die Form Schöffel ist bis jetzt nur für das Unter-Elsaß von Straßburg an nachgewiesen, und Unter-Elsaß hat fast rein fränkischen Volksschlag, wie jeder bestätigen wird, der die Unterschiede zwischen Franken und Schwaben oder Alamannen genauer erforscht hat. — Auch in Friesland hat es nie Scheffen gegeben, nach v. Richthofen, Untersuchungen über Friesische Rechtsgeschichte 1,112—172; 2,1, S. 456. 478—481.

Salde, Seldarr. Seldener. Vgl. Thudichum, Gesch. d. D. Pr. 85. 97. Anm. 3. 98. 407 Z. 10 v. o.; ferner Thudichum Sala, 1895. S. 45.

Sendbare Leute, sendbare Freie. In sendbar ist die erste Silbe „Send", „Sind" das lateinische synodus und die Schlußendung „bar" bedeutet eine Eigenschaft, Fähigkeit, wie z. B. streitbar = Fähigkeit zum Streite, ein trinkbarer Wein = ein zum trinken geeigneter Wein ist. „Sentbar", Semper", sind nur volksmäßige Abkürzungen ähnlich wie schamper von schandbar, kosper von kostbar, Mumber (Vormund) von Mundbar. (Vgl. W. 1, 1120. 1121.) Hienach sind also sendbare Leute die zum Synodus fähigen, zum Synodus berufenen Leute, homines synodales. Die von Grimm W. 1, 1120 gegebene Erklärung, daß „sendbare freie" soviel wie „sendpflichtige freie" bedeute, ist, wenn überhaupt richtig, jedenfalls nicht die einzig richtige.

Synodus ist zunächst der Name für die Konzilien der Kirche,

und sodann für die Versammlungen, welche die Bischöfe oder ihre Stellvertreter an vielen Orten ihrer Diözesen abhielten, wobei das ganze Volk erscheinen, Vergehungen angezeigt, gerügt werden mußten und Strafen dafür angesetzt wurden. Im 13. Jahrh. hielten manche Bischöfe eine kurze Zeit lang auch besondere Sendgerichte ab, auf welchen nur Mitglieder des hohen Adels und Ritter erschienen, wie im Sachsenspiegel zu lesen; allein allgemein ist das nicht gewesen und hat nicht lang gedauert, da man sonst mehr davon hören würde. Obwohl Synodus weiblich ist, wurde doch dieses kirchliche Strafgericht, wie die zahlreichen Weisthümer lehren, männlich gebraucht, „der Send". Im vorigen Jahrhundert stellte K. Ph. Kopp in seinem Werke Ausführl. Nachricht v. d. geistl. u. Civil-Gerichten in d. Hessen-Casselischen Ländern 1769, 1, 126 die Ansicht auf, sendbare Leute seien die „Sendzeugen", testes synodales, die vom Bischof aufgerufenen und beeidigten Personen, welche die ihnen bekannt gewordenen Verfehlungen zu rügen hatten. Allein in den Urkunden und Weisthümern heißen die Sendzeugen immer testes synodales, oder auch Send-Scheffen, scabini synodales, niemals homines synodales. Will man letzteres Wort auf den kirchlichen Send beziehen, so war überhaupt jeder freie und jeder unfreie Mann ein homo synodalis, da sie alle zum Send erscheinen mußten. Das gesteht K. F. Eichhorn, St. u. R. G. 2, 541 § 337 zu; nichtsdestoweniger erklärt er, seltsam genug, einen homo synodalis wie Kopp für einen „geachteten" Mann, welcher, wegen der Achtung, die er genießt, zur Rüge eines Vergehens in den Sendgerichten bestellt werden kann. Sprachlich und sachlich geht das, wie gesagt, nicht, und die einzige Urkunde v. 1291, welche Eichhorn für seine Auslegung anführt, beweist dieselbe nicht, wie unten zu zeigen.

Die meisten Erklärer haben den Schlüssel zur richtigen Erklärung nicht gefunden, weil sie übersahen, daß Synodus im fränkischen und deutschen Reiche ehemals noch eine andere Bedeutung hatte, nämlich für den Reichstag, die Reichsversammlung üblich war. Jedenfalls gilt dies für das 8. u. 9. Jahrhundert, wie Waitz, Deutsche Verfassungsgeschichte 2, 448 Anm. 4, 467, 488, 3, 467—470 (1847. 1860) gezeigt hat, und auch Bluntschli, Staatswörterbuch Bd. 1, beim Wort „Adel" annimmt; und wahrlich, was war denn in älteren Zeiten ein deutscher Reichstag viel anders als eine kirchliche Synode, wo die paar weltlichen Fürsten neben den Bischöfen und Äbten verschwanden und die Grafen als Vasallen der Fürsten nur noch Zuschauer blieben. Wenn nun auch im späteren Mittelalter der Gebrauch des Wortes Synodus für Reichstag sich verloren hat und die Benennung curia, Hoftag, dann seit dem

16. Jahrhundert der Name „Reichstag", „Reichsversammlung" an die Stelle getreten ist, so konnte doch der alte Ausdruck synodalis für den zum Hoftag fähigen Reichsunmittelbaren fortdauern, da er bequem war und man einen andern noch nicht hatte; denn Reichsstand, Reichsständisch sind erst jungen Ursprungs.

Zuerst taucht der Name auf in dem Reichsgesetz Kaiser Friedrichs II de juribus principum secularium v. 1232, worin bestimmt wird: „Ad centas nemo synodalis vocetur" also: es solle kein Synodale zu den Versammlungen und Gerichten der Zenten (Untergaue) berufen, vorgeladen werden. In dieser Stelle kann „synodalis" nur einen Mann vom Fürstenstand bedeuten, einmal, weil dies Gesetz ja gerade die Rechte der Fürsten bestimmen will, und zweitens, weil es durch tausende von Urkunden und Weistümern feststeht, daß Ministerialen, Ritter, zu den Zentversammlungen dingpflichtig waren und in Schuldsachen und Fragen über liegendes Eigentum dort Recht geben mußten bis zum Beginn des 16. Jahrhunderts oder länger. Die Auslegung, daß homines synodales „Scheffenbarfreie" seien (wie Eichhorn 2, 542 Anm. § 337 und Stobbe in Reyscher's Zeitschr. f. Deutsches Recht 15, 104—109 annehmen), ist unmöglich, kommt auch darum kaum in Betracht, da es besondere „Scheffenbarfreie" nur in Nordthüringen gab; ebenso die zweite Auslegung, welcher v. Schulte, Deutsche Rechtsgeschichte, huldigt daß es die „Gemeinfreien" seien; denn die Gemeinfreien erschienen doch wahrlich in den Zentgerichten; endlich die Auslegung von Heusler, Institutionen d. Deutsch. Privatrechts 1, 175—178. 1885, wonach man sie für „Ritterbürtige" zu halten habe.

Urteil des Reichshofgerichts v. 1236 bei v. Harpprecht, Staatsarchiv 1, 95: Albertus de Rossewach imperialis curiae justiciarius — —. Comparente coram nobis venerabili domino Sifrido abbate de Mulenbronn, assidentibus etiam nobis principibus nobilibus et aliis viris synodalibus obtinuit idem abbas per generalem sententiam, quod etc. Die unterschriebenen Zeugen sind Fürsten, Grafen und freie Herrn, zu welchen letzteren noch Engelhard von Hagenowe gehört; dann folgt: Hermannus camerarius et alii quam plures. — Im Sachsenspiegel kommt der Name „Semperfrei" meines Erinnerns und laut Ausweis aller Register nicht vor; dagegen mehrfach im Schwabenspiegel, Ausgabe von Laßberg, Art. 70. 104. 123. 142. Art. 70 führt aus, daß die Semperfreien einen eigenen Geburtsstand ausmachten über den Mittelfreien (aus Art. 2 ergiebt sich aber, daß über den Mittelfreien die freien Herren stehen; letztere also die Semperfreien sind); Art. 104, daß man den Semperfreien vor Gericht lade mit einer Frist von 6 Wochen, einen Mittelfreien mit 4 Wochen, einen Dienstmann und alle sonstigen Leute mit 2 Wochen, Art. 123, daß die Fürsten zum König nur einen freien Herrn, nicht einen Mittelfreien wählen könnten. Hieraus erhellt mit Bestimmtheit, daß die Semperfreien die dem Fürstenstand (Herrenstand) Angehörigen sind. Nun sagt allerdings Schwabenspiegel Lehnrecht Art. 1, die freien Herrn hätten den 4., die Mittelfreien den 5., die Dienstmannen den 6. und „die semperen livte den siebenden" Heerschild, so daß also die Semperen Leute noch unter den Dienstmannen gestanden, eigentlich also gar keinen Heerschild gehabt hätten, gar nicht lebensfähig gewesen wären. Es liegt auf der Hand, daß in dieser Stelle ein Schreibfehler steckt, daß derjenige, der den Schwabenspiegel Landrechts verfaßt hat, gar nicht semperen geschrieben haben kann. In neuerer Zeit wird Gewicht gelegt auf eine Stelle in Petrus de Andlo, De imperio Germanica Lib. 2, c. 12, welche in Du Cange-Favre, Glossarium 1883 1, 581 beim Wort „baro" als einziger Beleg beigebracht ist und folgendermaßen lautet: Sunt autem Barones in Alemannia in duplici differentia: alii quidem dicuntur simpliciter Barones, alii Semperbarones. Semperbaro is esse fertur, qui a nullo horum feudum habet, sed alii ab ipso, adeoque liber est, ut nulli ad fidelitatis astringatur juramentum, ut proprie barones de Limpurg esse dicuntur. Das weiter Folgende ist vollständig unklar. Peter sagt im Ganzen das Richtige; seinen Angaben kommt aber nicht viel Gewicht zu, da er zwar im Elsaß geboren war und von 1444—1480 in Basel lebte, aber sich wesentlich mit dem kanonischen Recht beschäftigte; nur Urkunden können sicher entscheiden, und da ist denn zuerst eine von Eichhorn 2, 541 aus Seibertz Landes- u. Rechtsgesch. d. Herz. Westphalen, Urk.-Buch 1839 Nr. 438 S. 536 angeführte Urkunde vom J. 1291 ins Auge zu fassen, mit welcher Eichhorn seine oben angegebene Meinung begründet. Der Bischof von Paderborn und Graf Ludwig von Arnsberg hatten Streit über die Giltigkeit eines von dem Bischof behaupteten Vergleichs und riefen den Erzbischof von Köln als Richter an; dieser ließ durch einige Herren, Ritter und Diener (Beamte) ein Erkenntnis fällen, welches dahin lautete: wenn der Bischof den behaupteten Vergleich zu beweisen vermöge, „cum sex viris fide dignis qui vulgariter Sentbaere appellantur, qui compositioni interfuissent", dann sei das Recht für ihn und es müsse der Vergleich unverbrüchlich gehalten werden. Eichhorn folgert: „Die Sentbaren sind hier nach dem Zusammenhang keine Ritterbürtige, sondern bloß freie schöffenbare Leute. Sie werden — — — auch in Sachen des Herrenſtandes als genügend angeſehen, um durch ihr Zeugnis zu entſcheiden." Aber ich frage: wie will man erklären, daß man einfache biedere, ehrbare, glaubwürdige Leute als „Sendbare" tituliert habe; warum? Und warum kommt eine ſolche Bezeichnung ſo außerordentlich ſelten vor, wo doch die Frage der Glaubwürdigkeit von Zeugen ſo oft aufgeworfen werden muß? Ich verſtehe die Stelle dahin: der Biſchof muß mit 6 glaubwürdigen Zeugen, welche beim Abſchluß des Vergleichs anweſend waren und zwar mit Zeugen vom Stand der ſendbaren Leute, alſo vom Stand des Grafen von Arnsberg, Beweis führen; gewöhnliche Freie reichen dazu nicht aus. Nach dem, was mir über mittelalterliches Fürſtenrecht bekannt iſt, halte ich dieſen Satz für ausgemacht, und zu ſeiner Unterſtützung führe ich an, daß nach dem Recht vieler Reichsſtädte gegen Bürger nur Bürger Zeugen ſein konnten, der hohe Adel aber doch gewiß nicht geringere Rechte beſeſſen haben wird als die Bürger.

Die folgenden Urkunden beſtätigen meine Auffaſſung durchaus: Urteil des Königs Heinrich VII über die Mörder des Kaiſers Albrecht v. 1309, bei Herrgott, Geneal. Habsburg. 2, 592; Mon Germ. Leg. 2, 497: „Wir Henrich von gottes gnaden Römiſcher künig, kündend und verjahend offentlich, daß vvir mit rechte und geſammeter vrtheil haben verzehlt hertzogen Johannſſen von Oeſteriche, — — Rudolffen von Wart, Rudolſſen von der Balmen, Waltheren von Eſchibach, die edlen lüthe, und Cunraden von Taegervelb einen ritter; vvir habend in eer und recht genomen, ihre lehen den herren ledig geſeidt, ir eeliche wirthin witvvin alles ir rechtes, ir eeliche kindt weiſſen, alles ir rechtes. Wir verbietend ſy iren frunden, und erlaubend ſy iren finden; vvir nehmen ihnen gemeinlich alle die rechte, die ſemper luthe, und unverſprochen luthe ze raecht haben ſoltend" ꝛc. Dem Herzog und den Edelleuten werden alſo einmal ihre Rechte als Semperleute abgeſprochen und ſowohl ihnen als dem Ritter Konrad überhaupt ihr Landrecht, die Rechte, welche jedermann hat, dem ſie nicht durch Urteil abgeſprochen ſind. Urteil des königl. Hofrichters, Nürnberg 1313, bei v. Harpprecht, Staatsarchiv 1, 309: „Ich Rudolph Hewin hofrichter meines herrn Königs Johannes zu Böheim und zu Pohln, eines gemeinen pflegers des Römiſchen reichs, hie dieſſeits des gebürgs und eines grafen zu Luxenburg thue khund, daß graf Conrad von Oettingen iſt verzehlt, und ſeind ihm ehr und recht genomben, ſein lehen dem herrn ledig geſetzt, und ſeind ihme gemeiniglich genomben alle die recht, die ein Semper hat, und ein unverſprochen mann zu recht haben ſoll, von graffen Conrads klage zu Flühenlohe vollführet zu allen ſeinen tagen, als recht iſt, vor des Röm.

Königs Heinrichs gerichte, der denselben grafen Conrad von Oettingen verzehlt hat als vorgeschrieben ist, und beschahe das zu Grießbach an den Freytag nach S. Pancratii tag, a. 1310".

Noch in neueren Jahrhunderten haben einige hochadelige Häuser den Namen fortgeführt. Im Tübinger Vertrag zwischen Herzog Ulrich von Württemberg und seiner Landschaft v. 8. Juli 1514 nennt sich unter den Vermittlern „Christoff Herr zu Limppurg, des hailigen Rychs Erbschenckh semperfry" (bei Reyscher, Samml. 2, 40). Den Reichs=abschied zu Augsburg 20. Sept. 1582 haben unter den Grafen und Herrn unterschrieben: „Heinrich und Friedrich, Herrn zu Limburg, des heil. Röm. Reichs Erbschencken und Semperfrey"; ferner Philipp, Reinhard und Georg, Grafen zu Leyningen, Herrn zu Westerburg und Schauenburg, Semperfrey. Dasselbe ist der Fall beim Reichsabschied zu Regensburg v. 1613. (N. Samml. der Reichsabschiede 3, 415. 416. 530. 531.) Diese Unterschriften liefern unbedingten Beweis für die Reichsstandschaft dieser Grafen und Edelherrn, die übrigens auch ganz unbestritten ist. Der Grund, warum die Herrn zu Limburg den Beisatz „semperfrei" machten, lag wohl in dem Umstand, daß sie zu den wenigen alten Edelherrn gehörten, die nicht den Grafen=Titel erhalten hatten und inzwischen die reichsunmittelbaren Reichsritter sich als Freiherrn und Edle zu bezeichnen anfingen. Kein bloßer Reichsritter hat je semperfrei geheißen.

Überleuten ist im W. noch nicht gekommen. Es wird bei Schmeller 2,523 erwähnt und könnte so viel sein wie „übersiebenen", oder mit einer größeren Zahl von Eideshelfern den Eid des Gegners überbieten.

Urtenr heißt in einigen Teilen der Schweiz die Dorfgemeinde; das Wort bedeutet Abteilung, das Zugeteilte. Ürten, Irten, Erten, Örten ist die Rechnung, namentlich des Wirtes über das was die Gäste verzehrt haben. Schmeller, 1,114. Hebel, Werke 1,326. In Frankfurt a. M. hießen die Zusammenkünfte der Zünfte in ihrer Trinkstube Urten, Orten, Irten. Kriegk, Frankfurter Bürgerzwiste und Zustände im Mittelalter 369. — Der Begriff Rechnung wird also hier in ähnlicher Weise verwendet wie bei Gereite, Heimgereite in der Pfalz.

Vogt wird von Grimm in den R. A. 758 als aus dem lateinischen advocatus entstanden bezeichnet, was Weigand Wörterb. näher dahin angibt, daß advocatus mittellateinisch vocatus gekürzt worden und daraus Vogt geworden sei. Allein beide Gelehrte übersehen, daß Vogt nicht bloß den Schutzherrn einer Kirche, sondern in Alemannien und Elsaß den Ehemann als Schutzherrn und Gewalthaber der Frau sowie den Vormund bedeutet (vgl. Schmeller 1,625—626. Thudichum, Gesch. d. D. Pr. 25. 27. 35 Anm. 36.) Außerdem hieß in Teilen von Schwaben auch der Dorfvorsteher Vogt. Urk. v. J. 1412. „von dem vogt, den richtern vnd der gebursami gemainlich des dorfs ze Offingen „(bei Rieblingen an der oberen Donau.) v. Senckenberg, von b. kaiserl. höchsten Gerichtsbarkeit S. 104 No. 40. Daß advocatus mittellateinisch in vocatus gekürzt worden sei, ist ganz unbewiesen, jedenfalls für Deutschland; denn unter den unzähligen Urkunden, die ich in meinem Leben gelesen, habe ich viel Tausendmal advocatus, niemals aber vocatus gefunden. Schmeller sagt zwar, daß Vogt soviel wie im Lateinischen advocatus sei, behauptet aber nicht Entlehnung.

Vogtbar ist zunächst der mündige, volljährige, der sein eigener Vogt ist, wie die bei Thudichum, Gesch. d. D. Pr. gegebenen urkundlichen Belege barthun; auch die Stelle bei Schmeller 1,626 und 2,597 gehört hierher: „Als er ist vogtbar und über 14 Jahr alt gewesen" und wird richtig erklärt. Wie sollte Entstehung solcher Ausdrücke aus vocare denkbar sein.

Widem, Widemhof, vgl. oben Kirchsatz.

Zehnschaft, Zen, niederdeutsch und angelsächsisch Tien, Tyen, ist Benennung der Dorfgemeinde. So zerfiel das fast ganz von Deutschen, Alemannen oder Burgunden, bewohnte Ober-Wallis im 15. Jahrh. in 7 Gemeinden, welche Zenden, Zehnen (in der Einzahl der Zenden) Disains, Dizains, Deseni hießen. Heusler, A., Rechtsquellen des Cantons Wallis in Zeitschr. f. Schweiz. R. 29, 144. 1888. In der Wetterau ist zwar der Name Zehn in diesem Sinn bis jetzt nicht nachgewiesen, aber der Dorfvorsteher hieß dort Graf, Dorfgraf, Zingraf, Zengraf, Zinggraf, was nicht mit Zentgraf verwechselt werden darf.

Der Zender an der Mosel wird wohl der Vorsteher der Zende, also ein Dorfvorsteher sein, was sich aus Urkunden und Akten über allen Zweifel muß stellen lassen.

Die Zehnschaft haben die aus der Eifel, dem Westerwald und Hessen nach Siebenbürgen ausgewanderten Sachsen ebenfalls mit in ihre neue Heimat genommen.

Anhang.

Beschirmung gegen Übelwollende.

Was würden wohl die Schweizer gesagt haben, wenn sich ein junger Mensch von etwa 30 Jahren, Privatdozent an irgend einer deutschen Universität erlaubt hätte, sich über ein neues Werk eines älteren Schweizerischen Gelehrten, der sich seit länger als einem Menschenalter an den Forschungen über Schweizerische Rechtsgeschichte beteiligt hat, zum Richter aufzuwerfen, ihm über Schweizerische Dinge Belehrungen zu erteilen und ihm zu allem Überfluß grobe Unwissenheit und sträfliche Leichtfertigkeit aufzumutzen. Man würde, glaube ich, einen solchen Jüngling für unmäßig eingebildet und für entsprechend ungebildet erklärt haben und sicherlich hätte ihm keine Schweizerische Zeitschrift ihre Spalten für solche Beleidigungen geöffnet.

In Deutschland hält man es anders. Ein Schweizer Privatdozent in Basel, inzwischen zum außerordentlichen Professor an der deutschen Universität Freiburg i. Br. befördert, Namens Ulrich Stutz, verfaßt eine Besprechung der neuerschienenen „Geschichte des deutschen Privatrechts" des Professors Thudichum in Tübingen, welche von dreister Grobheit strotzt, ja den verächtlichsten Hohn nicht spart, aber er findet dafür bereitwillige Aufnahme in der einzigen rechtsgeschichtlichen deutschen Zeitschrift, der „Zeitschrift der Savigny-Stiftung".

Nur dieser Umstand, die Aufnahme in die Zeitschrift der Savigny-Stiftung kann mich bewegen gegen den Schund, den Stutz vorgebracht hat, Stellung zu nehmen, und dann noch der bezeichnende Umstand, daß Stutz andere Zeitschriften, welche mein Buch in freundlicher Weise besprachen, einzuschüchtern unternommen hat, durch die Versicherung „die Fachleute" hielten übereinstimmend von meinem Buche gar nichts.

Gleich im Eingang der Kritik findet sich folgender liebenswürdige Satz: „Dieser Geschichte des deutschen Privatrechts ist ein eigentümliches Mißgeschick wiederfahren. Ihr Verfasser hat sie drei Jahrzehnte zu spät erscheinen lassen. Anlage, Inhalt und Apparat, alles weist darauf hin, daß das Werk der Hauptsache nach schon um die Mitte der sechziger Jahre, ich will nicht sagen auf dem Papier, wohl aber im Geiste des Verfassers fertig war." Nachdem dann zum Schein einige dünne Lobsprüche erteilt sind, und Thudichum nicht ohne Anflug von Mitleid „ein verdienter und angesehener älterer Gelehrter"(!) tituliert ist, heißt es: „Hinsichtlich der neueren Litteratur ist der Leser übel beraten. Außer den eigenen Arbeiten und ganz wenigen zum Teil nicht einmal bedeutenden Schriften und Aufsätzen[1]) citiert Thudichum so gut wie nichts. Das Meiste von dem, was Andere zum klassischen Monographienschatz unserer Wissenschaft rechnen, findet sich bei Thudichum nicht.... Ich glaube die Behauptung verantworten zu können, es sei die germanistische Forschung der letzten Jahrzehnte fast spurlos an ihm vorübergegangen." Aber es kommt noch besser; etwas weiter unten heißt es: „Man kann sich überhaupt, wenn man das Buch aufmerksam durchliest, des Verdachtes kaum erwehren, es sei Thudichums Kenntnis des älteren Privatrechts im Großen und Ganzen aus Grimms Rechtsalterthümern geschöpft und beruhe nur zum kleineren Teil auf eigener Forschung und unmittelbarer Anschauung der Quellen." Also nicht bloß die Litteratur der letzten Jahrzehnte ist spurlos an mir vorübergegangen, sondern sogar die der letzten 66 Jahre, da Grimms Rechtsalterthümer bereits im J. 1828 erschienen sind und die zweite Auflage von 1848 unveränderter Abdruck ist.

Dieser dreißigjährige Rezensent erlaubt sich also mir zu sagen: der Professor Thudichum hat ein Menschenalter hindurch und länger seitdem er überhaupt im akademischen Lehramt ist, in seinen Vorlesungen über Geschichte des deutschen Privatrechts seinen Zuhörern wenig mehr gegeben, als was sich in Grimms Rechtsalterthümern von 1828 findet und er tischt gegenwärtig den Deutschen Studierenden ebenfalls nicht mehr auf; er ist ein fauler und darum unwissender und gewissenloser Gelehrter, den man eigentlich längst wegen Unbrauchbarkeit zwangsweise in Ruhestand hätte versetzen müssen.

Seinen Haupttrumpf spielt Stutz am Ende seiner Besprechung gegen mich aus, in folgendem Satz: „Auf die Deutung der Libmagen als der Verwandten durch das männliche Glied (S. 19.) und der pueri regis als unehelicher Kinder der fränkischen und burgundischen Könige (S. 191 192, Nro. 1, 193 No. 3) brauche ich nicht näher einzugehen; sie erfreut sich jetzt schon in den Kreisen der Fachleute einiger Berühmtheit." Also eine volle Schale des verächtlichen Hohns gießt Stutz über mich aus; meine Erklärungen sind bei allen Fachleuten als so lächerlich befunden, daß er gar nicht nötig hat, ein weiteres Wort darüber zu verlieren.

Das Wort Libmagen ist bisher in allen Wörterbüchern und rechtsgeschichtlichen Werken, soweit ich sehe, nicht erwähnt worden; ich habe

---

[1] Ich beglückwünsche die von mir angeführten Schriftsteller zu dieser netten Charakterisierung durch Herrn Stutz.

seinen Gebrauch in Bern, in Basel und im Unter-Elsaß nachgewiesen und unter Berufung auf die von Schmeller und Grimm gegebene Erklärung des Wortes „Lib" die Vermutung ausgesprochen, daß Libmagen die durch Männer gezeugten Blutsverwandten, also Mannsstamm bedeute. Man hätte Herrn Stutz dankbar sein können, wenn er eine bessere Erklärung zu geben die Güte gehabt hätte. Lächerlich ist meine Erklärung noch lange nicht, außer für diejenigen, welche es sich bequem machen und keine Erklärung geben und die an die alte Rechtssprache den Maßstab heutiger Zimperlichkeit anlegen. Die ältere in vielen Büchern anstandslos vorgetragene Rechtsregel „nobilitatis jura non nisi per penem tansferuntur" oder „la verge annoblit (vgl. Danz, Handb. d. heut. Deutsch. Privatrechts 4, 79—80. 1798), desgleichen die Ausdrücke Bastart und Bankhart sind wahrlich nicht weniger derb als Libmagen, und die hochgebildeten Römer nannten Hurenkinder spurii von spurium, dem weiblichen Zeugungsglied.

Die Übersetzung der in den alten Stammesgesetzen vorkommenden Bezeichnung puer regis mit „Königskind" und die Aufstellung des Satzes, daß unter den pueri regis Unehelichgeborne zu verstehen seien, rührt allerdings von mir her. Zur Begründung habe ich angeführt: nach Lex Salica habe ein Graf, ein Obgrafio und sacebaro, wenn er ein freier Mann, ein Freigeborner ist, 600 Solidi Wergeld, wenn nur ein puer regis, 300 Solidi; da nun die Unehelichgebornen Halbunfreie waren, die nur halbes Wergeld hatten, so dürfe man im puer regis einen Unehelichen erblicken, was nicht befremden dürfe, da Unehelichgeborne vornehmer Leute, nämlich von Königen, Herzögen, Grafen, Bischöfen, Äbten erwiesenermaßen zu Grafenämtern aufgestiegen seien, ja sogar zu höchsten Kirchenwürden und zum Königsthron. (S. 196.) Das Wort puer habe wie das griechische παιδίον auch die allgemeine Bedeutung von Kind, es lasse sich also puer regis mit vollem Recht „Königs-Kind" übersetzen. Ich habe nun dargethan, daß der Schutz der Bastarde im ganzen Reich ursprünglich dem König zukam, der auch von allen Bastarden eine jährliche Abgabe erhob und die ohne eheliche Kinder versterbenden Bastarde beerbte, ein Recht, welches im Mittelalter durch zahlreiche Privilegien auf die Landesherrn übertragen wurde (S. 194—195). Daß die Bastarde noch im 15. Jahrhundert „Königs-Kinder" genannt worden sind, habe ich aus der bei Haltaus, Glossarium mitgeteilten Urkunde Kaiser Friedrichs III vom J. 1468 dargethan, welche wörtlich besagt: „dass all vnd ieglich bastarten, genandt koenigs-kinder, in der marggrafschafft Baden" u. s. w. Auch in Grimms Wörterbuch

5, 1712 findet sich diese Urkunde angeführt mit der völlig richtigen Erklärung, es sei in älterer Zeit Königskind ein Name für Bastard gewesen, „weil die ehelos gebornen als dem König zu eigen gehörend betrachtet wurden." Es ist also von mir sowohl in sprachlicher als sachlicher Beziehung der Beweis erbracht worden, daß puer regis und Königskind, Unehelichgeborner identisch sind, und es ist zur Unterstützung dieser Erklärung auf S. 193 Anm. 3. darauf hingewiesen, daß in Burgund das Amt eines Gerichtsknechts, der Urteile zu vollstrecken und Pfändungen vorzunehmen hatte, auch einem puer regis übertragen werden konnte.

Was ist nun an diesen Ausführungen lächerlich? warum erfreuen sie sich nach Stutz bereits in den Kreisen der Fachleute einiger Berühmtheit? Das wird verständlich, wenn man meine Worte mit Stutz dahin verdreht, ich hätte alle pueri regis, also alle Königskinder für „uneheliche Kinder der fränkischen und burgundischen Könige" erklärt. Herrn Stutz fällt es viel leichter, mir groben Unsinn Schuld zu geben, als meine Angaben mit ein klein wenig Sorgfalt zu prüfen. Eine nichtswürdigere Art der Kritik ist mir in meinem ganzen Leben noch nicht vorgekommen, und ich muß dieses kleine Raubtier, das seinen Schnabel so keck gegen meine wissenschaftliche Ehre erhoben hat, zur allgemeinen Betrachtung hiermit an's Scheuerthor nageln.

Ich stelle hiermit an die Redaktion der „Savigny-Zeitschrift" das Ansinnen, in der Zeitschrift öffentlich anzuerkennen, daß die Angaben des Professors Stutz in Freiburg

1) in der Geschichte des deutschen Privatrechts von Thudichum habe die Litteratur der letzten Jahrzehnte und bezüglich des älteren Rechts sogar die Litteratur der letzten 60 Jahre fast keine Berücksichtigung gefunden;
2) Professor Thudichum habe die pueri regis „für uneheliche Kinder fränkischen und burgundischen Könige" ausgegeben

der Wahrheit nicht entsprechen.

Zur Begründung meines ersten Verlangens sei noch folgendes bemerkt:

Im ersten Paragraphen meines Buchs habe ich die wichtigeren allgemeinen Lehr- und Handbücher, welche für die Geschichte des deutschen Privatrechts in Betracht kommen und von mir berücksichtigt worden sind, kurz aufgezählt; dieselben gehören größtenteils überhaupt oder in ihren neuen Auflagen, den letzten Jahrzehnten an, sind von mir aufs Genaueste geprüft und auch bei einzelnen Fragen besonders angeführt worden. Daneben wurden viele hunderte von Werken und Abhandlungen, welche einzelne Lehren angehen und in Zeitschriften oder Einzelwerken erschienen sind, von mir gelesen und benutzt, auch großenteils von mir citiert. Die Behauptung von Stutz, die Litteratur der letzten 30 Jahre sei mir unbekannt geblieben, wird fast auf jeder Seite meiner Schrift Lügen gestraft; es würde das noch deutlicher hervortreten, wenn ich nicht bei manchen Werken leider unterlassen hätte, das Jahr des Drucks anzugeben, oder wiederholt anzugeben. Ich beabsichtigte erst ein Verzeichnis der von mir citierten Werke hier abdrucken zu lassen, um dem Leser die Unwahrheit des mir gemachten Vorwurfs schwarz auf weiß darzuthun; ich bin davon abgestanden, weil das Verzeichnis zu lang geworden wäre.

Weiter aber frage ich: Folgt daraus, daß ich eine Schrift nicht citiere, daß ich sie auch nicht kenne? Wer ein dickes mehrbändiges Handbuch schreibt, wird möglichste Vollständigkeit anzustreben haben; aber in eine kurze nur 461 Seiten umfassende Übersicht gehören solche Massen=Citate nicht; die eigentliche Aufgabe einer solchen bleibt es vielmehr, alles sachlich Wichtige in klarem Ausdruck zu geben und dem Leser die wichtigeren Gesetzes= und Urkunden=Stellen namhaft zu machen. Im Vorwort habe ich ausdrücklich bemerkt, daß wer weiter nachforschen wolle, in der von mir bei den einzelnen Lehren angezogenen Hauptwerken einen genügenden Wegweiser finden werde.

Obwohl Stutz sich meistenteils nur in allgemeinen wegwerfenden Bemerkungen bewegt, bringt er doch wenigstens einige Beispiele vor, um sein Urteil zu begründen, und bei dieser Gelegenheit nach verschiedenen Seiten an andere Schriftsteller, darunter auch an die Redaktoren der Savigny=Zeitschrift Kußhände auszuteilen.

Prüfen wir diese Beispiele näher.

Stutz sagt: "Brunners Rechtsgeschichte der Urkunde" u. s. w. bleiben unerwähnt; allein S. 57 Anm. erwähne ich ausdrücklich eine Abhandlung Brunners darüber vom J. 1877, die 184 Seiten lang ist, und wohl doch das Wichtigste, was Brunner darüber zu sagen weiß enthalten wird. Stutz hat also liederlich gelesen. (!)

Weiter: "Was in den letzten 30 Jahren über die Geschichte der Auflassung — das Erfordernis der Gerichtlichkeit geschrieben worden, scheint für Thudichum nicht zu existieren." Allein auf S. 241 Anm. habe ich Stobbes Abhandlung hierüber aus dem J. 1872, welche 135 Seiten lang ist und alle Punkte eingehend erörtert, angeführt, ebenso für Einzelheiten noch mehrere neuere Werke, außerdem verschiedene von Andern noch nicht benutzte urkundliche Belege. Ich habe ferner angegeben, daß für auflassen auch die Benennung „festmachen" vorkommt, die ich einst im Ortenberger Gerichtsbuch als gewöhnlich gebraucht gefunden hatte, und daß das firmare im alten Gesetzbuch der Bayern dasselbe sei, von J. Grimm in den Rechtsaltertümern aber unrichtig gedeutet werde, — ein Aufschluß für den man mir und dem Ortenberger Gerichtsbuch Dank schuldet. Übrigens muß ich hier daran erinnern, daß ich vor 41 Jahren in meiner Geschichte des Freien Gerichts Kaichen S. 65—71 zuerst gegenüber den Germanisten, die damals im Sachsenspiegel alle Weisheit finden zu können vermeinten, nachgewiesen habe, daß Auflassungen von Liegenschaften auch im Dorfgericht geschahen, ja vorzugsweise in diesem und habe die Förmlichkeiten genauer beschrieben, als es damals in andern Büchern zu finden war; in meiner Gau- und Markverfassung 1860 S. 39 und 192—203 sind einige Punkte näher untersucht, und in meiner im Juni 1895 erschienenen Schrift „Sala" S. 8—13 ist die Auflassung im 9. u. 12. Jahrh. genauer untersucht als von irgend einem Vorgänger.

Weiter bemerkt Stutz: „Auch bezüglich der Gewere macht Thudichum es sich leicht; der Leser vernimmt von dem Inhalt fast nichts als den Namen". Vorher war schon getadelt worden: „von der Existenz von Heuslers Gewere (1872 erschienen) erfährt der Leser nichts". Hierauf habe ich folgendes zu bemerken: Im Jahre 1828 hat zuerst W. E. Albrecht die Ansicht aufgebracht, das ältere deutsche Recht habe ein Eigentum und einen Besitz, wie das römische Recht nicht gekannt, sondern statt dessen eine eigenartige Rechtseinrichtung, die Gewere, und dieser Ansicht folgten seither die meisten Germanisten, und es sind darüber außer von Heusler sehr zahlreiche Abhandlungen geschrieben worden. Gegenüber dieser Theorie habe ich in meinem Werke S. 237 zunächst die Ansicht vertreten, daß das deutsche Recht allerdings den Begriff des Eigentums und auch seine Bezeichnungen dafür gehabt habe, und dabei Bezug genommen auf Heusler, Institutionen des D. P. 2, 47, erschienen 1886, also 14 Jahre später als seine Schrift von 1872; damit ist Heuslers Stellung zu der Frage beantwortet, und was er im J. 1872 darüber geäußert haben mag, tritt in den Hintergrund. Weiter habe ich S. 240 darauf hingewiesen, daß das deutsche Recht auch den Begriff des Besitzes als eines vom Staat geschützten Verhältnisses sehr wohl gekannt habe, und die Benennungen dafür possesio, Gewere bei Liegenschaften aber Besetz gewesen seien, und habe hervorgehoben, die rechtliche Innehabung einer Sache sei von sehr verschiedenen rechtlichen Folgen gewesen, je nachdem es sich um Fahrnis oder Liegenschaften handelte. Den Besetz bei Liegenschaften habe ich S. 241—252 sehr eingehend und sehr viel genauer als irgend ein Vorgänger dargelegt, auch nach der strafrechtlichen Seite hin; S. 252—260 Eigentums- und Besitzerwerb an Fahrnis behandelt, mit Unterscheidung der verschiedenen Fälle wie man muß, und abweichende Ansichten angedeutet. Durch eine einfache Darstellung des Sachverhalts, so wie er mir als der richtige vorkommt, glaubte ich am einfachsten zu einer Klärung der Streitfrage beitragen zu können und es blieb mir so erspart, die Vertreter entgegengesetzter Auffassungen zu bekämpfen. Ich hätte das ja auch thun, und wie K. F. v. Gerber in seinem deutschen Privatrecht § 72 that, die Gegner als Leute, die mit nebelhaften Begriffen hantieren, hinstellen können. Meine große Höflichkeit hat mir aber bei Herrn Stutz nur den Vorwurf eingetragen, daß ich über Gewere „fast nichts als den Namen gebe", ein Vorwurf, den nur ein völlig seichter und leichtfertiger Beurteiler erheben konnte.

Genau ebenso verhält es sich mit dem Vorwurf: „das Eherecht wird ohne jegliche Bezugnahme auf Sohms Recht der Eheschließung behandelt." Das ist auch wieder ein Fall der Austeilung von Nußhänden. Sohm hat außer der ersten eben genannten Schrift noch eine zweite viel längere, „Trauung und Verlobung" veröffentlicht; Friedberg hat ihm geantwortet und zahlreiche Erörterungen dritter haben sich daran angeknüpft; die neueste Litteratur über Eherecht macht zwei Dutzend Werke aus; und da soll es ein Verbrechen sein, ein einziges derselben nicht erwähnt zu haben, ein solches gar, welches einen großen Teil seiner Beweise aus dem Westfrankenreich hernimmt und dessen Ergebnisse ich für irrig halte. Ich war so höflich, auf S. 287 Anm. 1 hinsichtlich der „zahlreichen neueren Schriften" auf Stobbes Handbuch 4, 8 zu verweisen, und meine Stellung zu den Streitfragen einfach durch die Sache selbst zu kennzeichnen, indem ich S. 288—289 den „Begriff von Ehe" nach älterem deutschem Recht möglichst scharf zu umschreiben suchte, und die deutschen und lateinischen Bezeichnungen für Verlobung und Eheschließung und was damit zusammenhängt genauer als irgend einer meiner Vorgänger untersuchte, womit sich viele der aufgeworfenen Streitfragen von selbst erledigen. Meine Sachlichkeit und Höflichkeit hat mir auch hier bei Herrn Stutz nichts als den böswilligen und auf Unkundige berechneten Vorwurf der Unwissenheit zugezogen.

Auch folgenden Satz von Stutz muß ich noch beleuchten: „Mit Erstaunen vernimmt man S. 65 No. 5, daß die **Kapitulariensammlung des Ansegis** unsicher ist und S. 304 (vergl. S. 300.

301), daß **Benediktus Levita** den **Pseudoisidor ausgeschrieben hat.**" Dieses Erstaunen ist bei einem Anfänger in der Wissenschaft begreiflich; nur hätte er es für sich behalten und nicht in Dingen, die er nicht versteht, mitsprechen sollen; vielleicht glückt es ihm im Lauf von 30 Jahren allmählich auch einen besseren Einblick in die Fälschungen des 9. und 10. Jahrhunderts zu gewinnen. Übrigens lautet meine Angabe auf S. 304 nicht dahin, daß Benediktus Levita den Pseudoisidor „ausgeschrieben" habe; denn meiner Ansicht nach stammen beide Fälschungen aus derselben Fabrik.

Stutz erstaunt sich noch über einiges Andere, z. B. „daß, nach Thudichum, S. 163 die homines synodales ihren Namen davon haben, daß sie zum Reichstag erschienen"; die oben in der Abhandlung „über die Rechtssprache in Grimms Wörterbuch" von mir gegebenen Beweise werden ihn hoffentlich von seinem Erstaunen heilen.

Ich wende mich zu andern Vorhalten von Stutz. „Wir haben eine neue Ausgabe der Kapitularien, aber Thudichum benutzt sie nicht, sondern verweist seine Leser auf die Edition von Pertz und das Walter'sche corpus juris." Hiergegen habe zu bemerken, daß ich meines Wissens das Werk von Walter ein Einzigesmal, S. 358, citiere, lediglich zum Beweis eines Sprachgebrauchs im Capitulare v. 807, welches übrigens in der Ausgabe von Boretius 1,136 genau ebenso lautet wie bei Walter; sonst führe ich die Kapitularien nach Pertz an. Dies geschah einmal aus dem Grund, weil die neue Quartausgabe noch nicht fertig vorlag, indem die letzten Lieferungen 1893 und 1897 erschienen sind, vor allem aber aus dem Hauptgrund, weil die ganze rechtsgeschichtliche Litteratur des letzten Menschenalters nach Pertz citiert hat, und es geradezu notwendig bleibt, diese Citierart auch ferner beizubehalten, wenn ich auch zugebe, daß in Zukunft die Anführung der neuen Quartausgabe daneben gestellt sein muß. Neues handschriftliches Material hat die neue Ausgabe ja nur ausnahmsweise beibringen können; die Hauptveränderungen bestehen in einer anderen Bestimmung der Entstehungsjahre der einzelnen Gesetze, auch wohl in Beseitigung gefälschter Stücke. Ganz anders verhält es sich mit den Constitutiones der deutschen Könige und Kaiser, bezüglich deren Pertz in der That veraltet ist, weßhalb ich meines Wissens hier immer nach Weiland citierte. Einen sachlichen Nachteil hat die Zugrundlegung der Pertz'schen Ausgabe bei den Kapitularien nirgends zur Folge gehabt; es ist das Gegenteil von Stutz auch gar nicht behauptet worden.

Die alten Stammesgesetze habe ich regelmäßig nach Titeln, Kapiteln, Paragraphen citiert, und zwar die Lex Salica nach Pardessus, Waitz und Merkel, die Leges Langobardorum nach Baudi a. Vesme, die Lex Alamannorum und die L. Bajuvarorum nach Merkel, die Lex Burgundionum nach Bluhme u. s. w. Ich werde auch künftig daran festhalten, um in Harmonie mit der bisherigen rechtsgeschichtlichen Litteratur zu bleiben. Wo sollen wir hinkommen, wenn wir bei jeder neuen Ausgabe, in der eine neue Einteilung beliebt wird, die Citierweise ändern wollen? Ich halte es für einen Fehler, wenn ein Herausgeber, dem neben 30 bereits sorgfältig benützten Handschriften weiter nichts als eine weitere Handschrift zweiter Klasse zu Gebot steht, die Einteilungen ändert; das thut man in andern Wissenschaften nicht; z. B. die Einteilung der Bibel in Bücher, Kapitel und Verse wird bei allen Ausgaben und Übersetzungen festgehalten, aus zwingenden Gründen der Continuität; und ebenso pflegt man bei Novellen zum Strafgesetzbuch, zur Gewerbeordnung u. s. w. die Ordnung der Artikel ebenfalls nicht umzustoßen, sondern sich lieber mit beigefügten Buchstaben zu helfen.

Alle von mir angeführten Stellen aus den Stammesgesetzen lauten in den neueren Ausgaben natürlich wörtlich gerade so wie in den älteren, weil die älteren Herausgeber alle besten Handschriften mit vollster Sorgfalt und Sachkunde bereits benutzt haben.

Zum Schluß noch einen heiteren Beleg dafür, wie der junge Helvetier Stutz einem „alten" deutschen Professor eine Lektion über die in Deutschland geltende Rechtssprache zu geben versteht. „Man nimmt Anstoß, sagt Stutz, wenn S. 332 von dem Einbringen statt vom Eingebrachten der Frau die Rede ist." Hätte es Herrn Stutz nicht besser angestanden und außerdem der Klugheit entsprochen, vor der Äußerung einer solchen Rüge sich zuvor bei Kollegen in Deutschland zu erkundigen, ob „Einbringen" ein zulässiger deutscher Ausdruck sei; er würde dann erfahren haben, daß es in der That ein in Franken althergebrachter und vortrefflicher volksmäßiger und in Gesetzen und vor Gericht gebrauchter Ausdruck ist, so wie ganz ähnlich das Mainzer Landrecht 23, 7 von „der Frau Dos oder Zubringen", die württembergische Jurisprudenz bis auf diesen Tag vom „Beibringen der Eheleute" redet. Vgl. Weishaar, A. L., Württ. Privatrecht 1831 1, § 151 und Reyscher, Württ. P. R. 1848 3, § 559.

Herrn Stutz kann ich nur den Rat erteilen, sich zunächst noch ein oder zwei Jahrzehnte mit deutschen Verhältnissen bekannt zu machen, ehe er wieder darüber Urteile fällt; mit gründlicherem Wissen wird ihm dann auch von selbst die gebührende Bescheidenheit kommen.

Von dem Verfasser sind die folgenden selbständigen Werke und größeren Abhandlungen in Zeitschriften erschienen:

Untersuchungen über die Nachteile der Bodenzersplitterung und über die Frage, was von Zunftbann und Polizeitaxen zu halten sei. Frankf. a. M. Auffarth. 1857. S. 86.

Geschichte des Freien Gerichts Kaichen in der Wetterau. Gießen. 1857. S. 96.

Das vormalige Reichskammergericht und seine Schicksale. (In d. Zeitschr. f. Deutsches Recht 20, 148—222. 1859.

Die Gau- und Markverfassung in Deutschland. Gießen. Ricker. 1860. S. 344.

Der Altdeutsche Staat mit beigefügter Übersetzung und Erklärung der Germania des Tacitus. Gießen. Ricker. 1862. S. 205.

Kirchliche Rückschritte im Großherzogtum Hessen. Frankf. a. M. Baist. 1862. S. 66.

Über unzulässige Beschränkungen des Rechts der Verehelichung. Tübingen. Laupp. 1866. S. 146.

Rechtsgeschichte der Wetterau. Bd. 1. Tübingen. Laupp. 1867. S. 352. Bd. 2. Heft 1. 1874. S. 47. Heft 2. 1885. S. 56.

Rückblick auf die Geschichte der Leibeigenschaft. (Preußische Jahrbücher 22, 543—563 und 698—731. 1868.)

Staatliche und kirchliche Zustände im Großherzogtum Hessen von 1850—1869. (Preuß. Jahrb. 24, 22—42. 1869.)

Verfassungsrecht des Norddeutschen Bundes und des deutschen Zollvereins. Tübingen. Laupp. 1869. 70. S. 679.

Klar und Wahr. Zuruf an die Wähler Württembergs. Tübingen Nov. 1870. S. 16.

Über Ausfertigung richterlicher Urteile im Namen des Staatsoberhauptes. (Preuß. Jahrb. 27, 413—427. 1871.)

Das Ministerium Dalwigk auch im neuen Reiche. (Preuß. Jahrb. 27, 368—376. 1871.)

Verfassungsgeschichte Schleswig-Holsteins von 1806—1852 in ihren deutschen und europäischen Beziehungen. Tübingen. 1871. S. 58.

Die Verfassung des deutschen Reichs vom 16. April 1871 erläutert. (v. Holtzendorffs Jahrbuch f. Gesetzgebung, Verw. u. Rechtspfl. d. D. R. I, 1—86. 1871.

Über den Begriff der politischen Freiheit. (Preuß. Jahrb. 29, 215—229. 1872.)

Herr Ludwig v. Rönne im Schmucke fremder Federn dargestellt. Tübingen 1872. S. 24.

Die Grundlagen der heutigen deutschen Kriegsverfassung. (v. Holtzendorffs Jahrb. 2, 87—123. 1873.)

Die Kirchenfrage vor der hessischen Volksvertretung 1863 und 1873. Darmstadt. Schlapp. 1873. S. 53.

Freiheitspflichten. (Preuß. Jahrb. 35, 356—384. 1875.)
Das Reichs-Beamtenrecht. (In Hirths Annalen b. D. Reichs. 1876. S. 265—399.)
Die Leitung der auswärtigen Politik des Reichs. (v. Holtzendorffs Jahrb. 4, 323—349. 1876.)
Deutsches Kirchenrecht des 19ten Jahrhunderts. Leipzig. Duncker und Humblot. 1. 1877. S. 440. 2. 1878. S. 265.
Über parlamentarische Regierung. (Preuß. Jahrb. 47, 547—557. 1881.)
Die Minister-Anklage nach geltendem deutschen Recht und ihre Unrätlichkeit in Reichssachen. (In Hirth und Seydel, Annalen 1885. S. 637—688.)
Bismarck's Parlamentarische Kämpfe und Siege. Stuttgart. F. Enke. 1. 1887. S. 152. 2. 1890. S. 372.
Die geplante Verfassungs-Revision in Württemberg. (Im „Deutschen Wochenblatt" v. O. Arendt. 26. Juli, 2. u. 9. Aug. 1888. Nr. 18. 19. 20.)
Femgericht und Inquisition. Gießen. Ricker. 1889. S. 110.
Das heilige Femgericht. (In v. Sybel's Histor. Zeitschr. N. F. 32, 1—57. 1892.)
Juristendeutsch (in Hirth's Annalen 1892. S. 126—136 und abgedruckt in Sander's Zeitschr. f. deutsche Sprache 6, 11—23. 1892.)
Historisch-Statistische Grundkarten. Denkschrift. Tübingen. Laupp. 1892. S. 26.
Der Achtsprozeß gegen Friedrich den Großen und seine Verbündeten 1757, 1758. Tübingen. Laupp. 1892. S. 27.
Die gefälschten Urkunden der Klöster Hirsau und Ellwangen. (In den Württembergischen Vierteljahrsheften. N. F. 2, 225—253. 1893.)
Geschichte des Deutschen Privatrechts. Stuttgart. Enke. 1894. S. 474.
Die Rechtssprache als Hülfsmittel zur Feststellung der ursprünglichen Gebiete der deutschen Stämme. (Im „Korrespondenzblatt" des Gesamtvereins der D. Geschichts- und Altert.-Vereine 1894. Nr. 11.
Die Juristenfakultät in Tübingen und die juristischen Prüfungen. Tübingen. 1895. S. 15.
Sala, Salgau, Lex Salica. Tübingen. Heckenhauer. 1895. S. 82.
Die „Deutsche Theologie". Ein religiöses Glaubensbekenntnis aus dem 15ten Jahrhundert. (In den Monatsheften der Comenius-Gesellschaft 5, 44—62. 1896.)
Die Einführung der Reformation und die Religionsfrieden von 1552, 1555 und 1648. Tübingen. Heckenhauer S. 48.
Promachiavell. Stuttgart. J. G. Cotta, Nachfolger. 1897. S. 114.
Kirchliche Fälschungen. I. Glaubensbekenntnisse der Apostel und des Athanasius. Stuttgart. F. Frommann (E. Hauff) 1898. S. 86.